LE BOL ET LE BATON

« Spiritualités vivantes »
SÉRIE BOUDDHISME

Le bol et le bâton

Cent vingt contes Zen
racontés par
Maître Taïsen Deshimaru

Ces textes ont été recueillis par
Alain Liebmann, Liliane Najar,
Anne-Marie Fabbro, Evelyn et Marc de Smedt

Albin Michel

Collection « Spiritualités vivantes »
fondée par Jean Herbert
Nouvelles séries dirigées par
Marc de Smedt

1re édition

2e édition

Nouvelle édition au format de poche :
Collection « Spiritualités vivantes »

22, rue Huyghens — 75014 Paris
ISBN : 2-226-02684-3
ISNN : 0755-1746

不動智

En ces cent vingt contes et histoires traditionnels, dont certains remontent à la vie de Bouddha, il y a deux mille six cents ans, nous découvrons la formidable charge d'humour du zen et toute la puissance de son esprit d'éveil. Car, ne nous y trompons pas, chacun de ces récits nous ouvre des portes et raconte une façon de *voir* la réalité.
L'histoire, la légende débouchent sur une vérité profonde et portent en elles un sens éternel.
Un proverbe zen dit que lorsqu'on vous montre la Lune il faut regarder celle-ci et non le doigt qui la montre. Il en est de même ici, en ce recueil.

M. de S.

la saveur du Zen

□

Minagawa Shunzaemon, un célèbre poète très attaché à la rime et adepte du zen, entendit parler d'un célèbre maître zen, Ikkyu, chef du temple de Daitoku-ji, situé dans la région des champs violets. Il voulut devenir son disciple et il lui rendit visite. Dans l'entrée du temple, ils engagèrent le dialogue. Ikkyu demanda :

« Qui êtes-vous?

– Un bouddhiste, répondit Minagawa.

– D'où venez-vous?

– De votre province...

– Ah!... Et que s'est-il passé là-bas ces jours derniers?

– Les corbeaux croassent, les moineaux gazouillent.

– Et où croyez-vous être maintenant?

– Dans les champs violets.

– Pourquoi? »

Les fleurs, ces gloires du matin... aster, chrysanthème, safran...

– Et quand elles sont fanées?

– C'est Myiagino [un champ célèbre pour la beauté de ses fleurs en automne].

– Que se passe-t-il dans ce champ?

– La rivière y coule, le vent le balaie. »

Stupéfait d'entendre ces paroles qui avaient la saveur du zen, Ikkyu l'emmena dans sa chambre et lui offrit le thé. Puis il composa impromptu les vers suivants :

> Un mets délicat je voudrais vous servir,
> Hélas, le zen ne peut rien offrir...

Son visiteur lui répondit :

L'esprit qui ne peut m'offrir que du rien
est le vide originel
Un mets délicat entre tous.

Profondément ému, le maître conclut :

Mon fils, vous avez beaucoup appris!!!

un bol, du vide

□

Voici une anecdote fameuse concernant le maître rinzai Ikkyu, qui vécut il y a trois ou quatre siècles environ.
Ikkyu était alors un tout jeune moine dans un temple zen où vivait aussi son frère; un jour, ce dernier fit tomber un bol de cérémonie du thé, qui se brisa; ce bol était d'autant plus précieux qu'il avait été offert par l'empereur. Le chef du temple le réprimanda sévèrement, ce qui fit pleurer le petit moine.
Mais Ikkyu lui dit de ne pas s'inquiéter :
« J'ai de la sagesse. Je peux trouver une solution. »
Il ramassa les morceaux de céramique, qu'il mit dans sa manche de kolomo, et alla se reposer dans le jardin du temple, attendant paisiblement que le maître revînt. Dès qu'il l'aperçut, il alla à sa rencontre et lui proposa un mondo :
« Maître, les hommes nés en ce monde, meurent-ils ou ne meurent-ils pas?
– Ils meurent certainement, répondit le maître. Le Bouddha lui-même est mort.
– Je comprends, dit Ikkyu, mais pour ce qui est des autres existences, les minéraux ou les objets sont-ils eux aussi destinés à mourir?
– Bien sûr, répondit le maître. Toute chose ayant forme doit nécessairement mourir, quand le moment est venu.
– Je comprends, dit Ikkyu. En somme, comme tout est périssable, on ne devrait pas avoir à pleurer ni à regretter ce qui n'est plus, ni à se fâcher contre la destinée.

– Non, bien sûr ! Où veux-tu en venir ? questionna le maître. »
Ikkyu sortit alors de la manche de son kolomo les débris du bol qu'il présenta à son maître. Celui-ci en resta bouche bée.

le véritable trésor

□

Bodhidharma, né à Sri Lanka vers 500 après Jésus-Christ, était le troisième fils du roi de cette région indienne. A l'âge de huit ans, on pouvait affirmer qu'il avait déjà le satori. Voici pourquoi :
Un jour, son maître, un très grand moine qui s'appelait Hannya Tara, reçut du roi une pierre d'une valeur inestimable.
Le maître demanda aux trois princes : « Connaissez-vous quelque chose d'une valeur plus grande que cette pierre dans notre monde? »
Le prince aîné répondit : « Seulement vous, Maître, avez reçu ce cadeau, vous êtes en possession du plus beau trésor de la terre. »
Le deuxième prince répondit également : « Même en cherchant toute notre vie, nous ne pourrons trouver dans notre monde une pierre comparable. »
Bodhidharma, alors âgé de huit ans, dit à son tour : « C'est un véritable trésor, un trésor inestimable, mais c'est un trésor de ce monde, un trésor vulgaire. Aussi, je pense que notre véritable sagesse est d'une grande valeur. Comprendre la valeur de ce trésor est également une forme de sagesse; néanmoins, cette sagesse n'a pas de profondeur; comprendre que le diamant est une pierre très précieuse d'une valeur bien plus grande que le bout de verre est de la sagesse sociale. »
Et Bodhidharma continua : « La véritable sagesse est de nous comprendre nous-mêmes. »

quelques pétales sur le tatami

□

Rikyu, le fondateur de la cérémonie du thé de l'école de Chanoyu, reçut un jour, en présent, de très belles fleurs : des tsuba kides, de la part du chef du temple voisin de Daitoku-ji, à Kyoto.
Un jeune moine les lui apporta. Juste devant la salle de thé, il fit tomber les belles fleurs sur le sol. Tous les pétales s'en détachèrent d'un coup, il ne restait que les tiges. Le jeune moine, confus, s'excusa auprès de Rikyu qui répondit :
« Entrez dans la salle de thé. »
Devant la niche, le tokonoma, Rikyu posa simplement un vase à ikebana vide. Puis il enfonça les tiges des fleurs et, par terre, sur le tatami, tout autour du vase, il disposa harmonieusement les pétales.
C'était très beau, naturel, simple. Rikyu dit alors au petit moine :
« Lorsque vous m'avez apporté ces fleurs, elles étaient Shiki :
Shiki soku ze shiki : le phénomène est le phénomène.
En tombant, elles sont devenues Ku, il n'y avait plus de fleurs :
Shiki soku ze ku, le phénomène est Ku, Rien.
Selon le sens commun elles auraient pu rester telles quelles :
Ku Soku ze ku, Ku est Ku, le Rien est Rien.
Mais maintenant elles embellissent la pièce :
Ku soku ze shiki, Ku – Rien est le phénomène. »
Avec rien, cette pièce est devenue très belle, beaucoup plus belle qu'en employant plein d'éléments

de décoration. Juste quelques pétales déposés sur le tatami autour d'un vase sans fleurs dans le tokonoma.
Cette histoire reflète l'esprit de la cérémonie du thé.

le son du caillou, le son du bambou

□

Un jour que Kyogen balayait le jardin devant l'ermitage, roula un petit caillou de la montagne, qui alla frapper un bambou. Par ce son, il s'éveilla et obtint le parfait satori.
Dans le rinzai, on dit que le satori arrive soudainement. Mais qu'est-ce que le satori? Avant cette expérience, il gardait toujours un doute. Jour après jour, il n'était pas satisfait. Son maître, Issan, lui disait :
« Vous êtes intelligent mais vous avez lu trop de sutras. Votre intelligence du zen provient de la mémoire des sutras! Vous ne pouvez obtenir le shiho[1]. Essayez de revenir à la période de votre naissance, alors que vous ne pouviez pas comprendre dans quelle direction étaient l'est et l'ouest, et venez m'en parler. »
Aussitôt il brûla tous ses livres, ses sutras, ses cahiers. Il pleura. Il quitta le dojo de son maître, entra dans la montagne et vécut en solitaire. Il fit zazen seul pendant un an, deux ans. Un jour, en entendant le son du bambou heurté par une pierre, il s'éveilla totalement et ses doutes prirent fin :
« J'étais stupide jusqu'à aujourd'hui. » Il composa un poème :
Par un coup, par le son d'un caillou,
Par le son du bambou,

1. La transmission, la certification du maître au disciple.

J'ai tout oublié. J'en ai fini avec les idées qui emplissaient mon esprit.
Mes complications ont pris fin.
Il fit sampai en direction de son maître, Issan, et fit brûler de l'encens. Il envoya son poème à son maître, lequel dit : « Ce garçon, mon disciple, a compris. »
Et il lui accorda le shiho.
Daichi fit un poème de cette histoire :

Par le son d'un choc
Il oublia tout son savoir.

Il n'en est rien resté. Le vide total. Mais son satori ne dépendait pas de son cerveau. Il ne fut pas soudain. Il ne l'obtint pas par le bambou, ou par le vent. Il ne faut pas dire qu'il obtint le satori à ce seul instant. Ce ne fut pas soudain.

qui a bon goût?

□

Un autre koan. Un maître offre un melon à son disciple.
« Comment trouves-tu ce melon? lui demande-t-il, a-t-il bon goût? »
« Oui, oui! très bon goût! », répond le disciple.
Le maître pose alors cette question :
« Qui a bon goût, le melon ou la langue? »
Cette histoire est un koan très intéressant.
Le disciple réfléchit, devient compliqué et répond :
« Cette saveur provient de l'interdépendance, pas seulement de celle du goût du melon et de la langue, mais également de l'interdépendance de... »
« Idiot! Triple idiot! coupe le maître en colère. Pourquoi compliques-tu ton esprit? ce melon est bon. Ce goût est expliqué par ce seul aspect. La sensation est bonne. Cela suffit. » Les pensées personnelles limitent, catégorisent et compliquent.

le canard qui chante

□

Maître Basho se promenait avec son disciple Hyakujo le long d'une rivière. Ils aperçoivent un canard cherchant sa nourriture... Dérangé, le canard s'envole, et maître et disciple le suivent des yeux. Basho et son disciple se regardèrent en silence et soudain, brusquement, le maître pinça le nez du disciple qui hurla de douleur.
Basho dit alors :
« Oh ! il y a là un canard qui chante. »
Le disciple regardait le canard qui s'envolait...
Tu dois regarder en toi-même, voulait lui dire le maître. Cependant il n'a rien dit de tel, et le sens de cette éducation est très intéressant.

terminer le repas, laver les bols

□

Une très célèbre histoire de maître Josshu :
« Maître, s'il vous plaît, enseignez-moi la véritable histoire du bouddhisme. »
Josshu lui répondit : « As-tu terminé ton repas? »
« Bien sûr, Maître, j'ai terminé. »
« Alors, va laver tes bols! »
Toute son éducation était ainsi.
Personnellement, je suis la voie du milieu : très sévère et très gentil; pour les disciples forts, mon enseignement est très fort; pour les disciples faibles, je suis très doux.

le vent souffle

□

Un jour de grande chaleur, le maître Zen Pao-Ch' e, de Maku, s'éventait doucement. Un moine s'approcha de lui et lui fit cette remarque : « La nature de l'air existe partout, et le vent souffle dans tous les endroits ! Pourquoi utilisez-vous un éventail, Maître ? Pourquoi créez-vous du vent ? »
Le maître répondit :
« Vous savez seulement que la nature de l'air existe partout. Mais vous ne savez pas pourquoi le vent souffle dans tous les endroits ! »
Le moine demanda alors :
« Que veut dire : " Il n'est pas un endroit où le vent ne souffle " ? »
Le maître continua de s'éventer en silence, le disciple s'inclina profondément.

vivant ou mort?

□

Maître Dogo et son disciple Zangen se rendaient à une cérémonie funèbre. Ils préparaient l'autel, les bougies, l'encens dans le cercueil. Soudain Zangei frappa le cercueil et dit à son maître : « Cela, est-ce vivant ou mort?

– Je ne peux le dire », répondit maître Dogo. Zangen dit alors :

« Si vous ne me répondez pas, Maître, je vais vous frapper... »

Le disciple était fort, et ce vieux maître, très gentil, bon.

« D'accord, Zangen! frappez-moi. Mais de toute façon, vivant ou mort, je ne peux pas dire. »

Alors Dogo fut sévèrement battu par Zangei. Dogo, qui était un très grand maître, n'offrit aucune résistance... C'était seulement un très grand maître rempli de douceur. Il regagna son temple et réunissant tous les disciples, il dit simplement :

« Zangei, aujourd'hui, vous m'avez sévèrement battu, je souffre beaucoup. Je pouvais, moi, vous le permettre, cependant la règle du temple l'interdit. Vous devez donc quitter ce temple maintenant, après mon excommunication. Partez avant que les autres ne vous jettent dehors. » Zangen se rendit alors auprès d'un autre très grand maître, Sekito, dont la renommée était immense. Il lui expliqua le mondo avec Dogo. « Nous étions aux funérailles, j'ai tapé sur le cercueil et j'ai posé la question : " Vivant ou mort? " Mon maître m'a dit qu'il ne pouvait répondre. Mais sûrement, il avait compris et tenait à garder le secret, ne voulant rien me dire.

Je lui dis alors : “ Attention, Maître, je vais vous frapper... ”, et malgré mes coups, il ne répondit pas. Qu’en pensez-vous? »
« Ton maître t’a parfaitement expliqué. Sa réponse était juste. Moi-même, je ne peux affirmer “ Vivant ou mort? ”... On ne peut répondre clairement. »
A cet instant, Zangen s’éveilla.
Cette histoire est un grand koan.
« Vivant ou mort?... » On ne peut pas en décider.
Ni à droite, ni à gauche.

l'or du doigt

□

Dans la Chine ancienne, un ermite un peu magicien vivait dans une montagne profonde. Un jour, un vieil ami lui rendit visite. Senrin, tout heureux de l'accueillir, lui offrit un dîner et un abri pour la nuit; le lendemain matin, avant le départ de son ami, il voulut lui offrir un cadeau. Il prit une pierre et, avec son doigt, en fit un bloc d'or pur.
Son ami ne fut pas satisfait; Senrin pointa alors son doigt sur un énorme roc qui lui aussi devint de l'or. L'ami ne sourit toujours pas.
« Que veux-tu donc? » demanda Senrin.
L'ami lui répondit :
« Coupe ce doigt, je le veux. »
Cet homme pensait que le doigt était la source de l'or.
Cette histoire est teintée d'humour, mais sa signification est réellement très profonde.
La plupart des hommes sont ainsi.

saisir l'opportunité

□

Voici l'histoire de la querelle de l'ouvrier et du judoka.
Le judoka lui fit un étranglement. Par ce waza, dans un combat officiel, l'ouvrier aurait été battu. Mais dans la réalité de la vie, l'ouvrier saisit, en les tordant, les testicules du judoka, qui hurla de douleur. Et, à cet instant, l'ouvrier eut la suprématie du combat.
En conclusion, nous pouvons dire que dans le domaine sportif, la technique *(waza)* et l'activité *(ki)* sont très importantes, alors que, dans le véritable budo, l'art de la protection de soi et l'action passive du « saisir » (saisir le moment) sont les éléments essentiels.

la vie n'est qu'un rêve

□

Un homme voulait devenir riche et, tous les jours, il allait prier Dieu de bien vouloir exaucer son vœu. Un jour d'hiver, revenant de sa prière, il vit, pris dans la glace du chemin, un gros porte-monnaie. Aussitôt, il se crut exaucé. Mais, comme le porte-monnaie résistait à ses efforts, il urina dessus pour faire fondre la glace qui le retenait. Et, c'est alors... qu'il s'éveilla dans un lit tout humide... Notre vie est aussi comme cela.

Le satori n'est pas une condition spéciale de l'esprit, ni un état de conscience transcendantale, c'est s'éveiller à notre vie.

Maître Takuan (dont le nom signifie « concombre ») était mourant; un disciple s'approcha et lui demanda quel était son testament. Takuan répondit qu'il n'en avait pas; mais le disciple insista : « Vous n'avez rien... Rien à dire? »

– La vie n'est qu'un rêve. » Et il expira.

sous le pont, pas de voleurs

□

Sous un pont vivait une famille de mendiants, un homme, une femme et leur fils. Un jour, la femme revenant de mendier dit à son mari : « Aujourd'hui, je n'ai pas du tout reçu d'argent. Beaucoup de voleurs étaient passés dans les maisons et les gens avaient peur de me donner de l'argent. »
Entendant ces paroles le jeune fils dit :
« Papa, nous sommes très heureux, jamais un voleur n'entre dans notre maison. »
– Bien sûr, dit le père. Il faut remercier notre pauvreté, c'est le mérite de tes parents. Personne n'entre sous ce pont. »

clair de lune dans un champ

□

Par un beau clair de lune, maître Ryokan se promenait paisiblement; perdu dans la contemplation de l'astre, il s'assit sans y prêter garde dans un champ de pommes de terre. Le propriétaire du champ vint à passer et, à la vue de l'homme, se mit furieusement en colère, car chaque nuit un voleur venait dérober ses pommes de terre.
« Vous êtes le voleur! », cria-t-il à maître Ryokan. Mais celui-ci, tout à son ravissement, continuait à regarder la Lune, silencieusement. Alors le propriétaire se saisit d'un gros bâton et se mit à en frapper Ryokan; mais lui demeurait tout aussi silencieux et impassible. Arriva alors un voisin qui arrêta le propriétaire en proie à la colère et le réprimanda fortement :
« Pourquoi frappez-vous cet homme? Ne savez-vous pas que c'est maître Ryokan? »
Le propriétaire, consterné, comprit son erreur.
Alors Ryokan fit un poème :

Les gens qui battent
et les gens battus,
il n'y a pas de différence.
Comme une goutte de rosée,
ou comme un éclair,
ainsi devez-vous les considérer.

histoire de Gobuki

□

Il était une fois, dans la montagne au-dessus d'un village, un monstre gigantesque qui dévorait tous ceux qui approchaient sa caverne.
« Il ne faut pas monter là-haut, nul n'en revient », disaient les paysans terrorisés.
Mais un jour, un jeune nommé Gobuki proposa d'aller voir le monstre. Et, malgré toutes les tentatives pour l'en empêcher, il se décida. Alors les villageois donnèrent cinq armes différentes : une pique, une lance, un bâton, une épée et une fourche. Lorsqu'il arriva à l'entrée de la caverne, elles se collèrent toutes contre son corps. Il ne bougeait pas, regardant fixement le monstre, sans éprouver aucun effroi. Celui-ci s'écria : « Pourquoi est-ce que je ne te fais pas peur? »
« Je ne sais pas vraiment. Mais je suis universel, mon corps est Ku, mon esprit est Ku, vous aussi vous êtes Ku, vous êtes universel. Donc j'existe en vous, et vous existez en moi. Vous et moi nous sommes unité, universels, Ku. Si vous me mangez, vous vous mangez vous-même. Si vous vous mangez vous-même c'est que vous êtes fou. Mais si vous voulez vous manger, je vous en prie, faites-le! »
Complètement abasourdi, le monstre s'écria :
« Jusqu'à aujourd'hui, je n'ai jamais vu quelqu'un qui ne soit pas rempli de frayeur en me voyant, en m'approchant. Avec vous, tout devient compliqué! Mon estomac se révulse, je n'ai plus envie de manger, je ne peux pas... S'il vous plaît, allez, prenez vos armes et repartez. »
Cette histoire est un sutra.

l'oiseau à deux têtes

□

Il s'agit d'un oiseau à deux têtes (et un corps) dont la tête de droite est gloutonne et habile à trouver de la nourriture, et la tête de gauche, aussi gloutonne, mais malhabile. La tête droite pouvait toujours se nourrir à satiété, et la tête gauche restait toujours affamée.
Aussi, un jour, tête gauche dit à tête droite :
« Je connais tout près une herbe délicieuse dont tu te régaleras; viens, je vais te conduire à cet endroit. »
Petite tête gauche savait qu'il s'agissait en fait de poison, mais désirait faire périr de la sorte tête droite pour pouvoir manger à son gré ensuite. Ce qu'il advint en réalité, c'est que d'abord le corps fut intoxiqué, puis les deux têtes moururent.

la tête et la queue

□

Il y avait un serpent dont la queue et la tête se querellaient toujours. La queue disait :
« Je suis toujours à l'arrière, toi, tu es devant, je dois toujours te suivre. »
A la fin la queue s'enroula autour d'un arbre. Elle ne voulait plus avancer. La tête vit une belle grenouille. Elle voulait la manger, mais cela lui était impossible. La tête permit donc à la queue d'aller en premier. Mais la queue n'avait pas d'yeux; elle tomba dans un grand trou, et la tête en est morte.

qui aime l'autre?

□

Dans un sutra, le roi Hashinoku parlait avec la reine : « Le monde est vaste, mais qui aimez-vous plus que vous-même?
– J'aimerais vous dire que je vous aime plus que moi-même mais, en réalité, c'est moi que j'aime le plus », répondit-elle. Alors le roi répliqua : « C'est vrai, moi aussi, je suis plus important que quiconque. » Ainsi parlaient-ils. Leurs paroles étaient justes mais à cause de leur ego, ils ne pouvaient pas s'accorder. Alors ils décidèrent de rendre visite au Bouddha Shakyamuni et ils lui racontèrent leur conversation.
« Bien sûr, vos réponses respectives ne sont pas erronées », répondit-il. Finalement tout homme s'aime soi-même et chacun est important pour soi-même. Aussi ne dérangez pas les autres. Mais en s'aimant soi-même, on dérange les autres. »
Qu'est-ce que l'égoïsme? C'est un grand koan.

Ah! Ah! Ah!

□

Deux vieux compagnons de posture bavardent ensemble :

« Tu te souviens, il y a dix ans, pendant une sesshin, nous avions eu une grande discussion au sujet d'un koan. Tu t'en souviens? Mais maintenant, nous sommes là en train de rire ensemble de ce koan :

> En cette fin d'été
> Les nuages volent et ne s'évanouissent pas
> Prémices de l'automne proche
> Le vent d'été fait doucement trembler les fleurs
> Parfumées du magnolia.

Maintenant ce koan est facile... nous rions... ah! ah! ah! »

cela ou cela?

□

Dans le sutra du nirvâna, il est écrit :
« Un certain roi ne disait toujours qu'un seul mot à son suivant :
« Sandabbah ! » (ou « Are », en japonais : « cela »).
« Sandabbah » pour le sel, pour les fruits, pour l'eau, pour seller le cheval...
« Sandabbah »... et le suivant présentait les fruits.
« Sandabbah »... et de l'eau fraîche était versée dans sa coupe.
« Sandabbah »... et son pur-sang était sellé.
Le langage du roi et celui du suivant s'emboîtaient toujours parfaitement.
« Sandabbah »... Si le suivant amène le cheval à table...
Grande erreur ! Il doit comprendre par intuition.
L'éducation zen est la même; et le point ultime, le shiho, signifie l'unité (des deux) : maître et disciple.

qui est responsable?

□

Deux époux se querellaient. Ils en vinrent à se battre. Aussi un jugement fut-il demandé.
Lequel avait raison, le mari ou la femme? Lequel a offensé l'autre?
Pas de réponse.
Alors le juge demanda au fils :
« Lequel des deux a commencé? C'est ton père ou c'est ta mère? »
Le garçon répondit :
« Je ne peux pas affirmer si c'est seulement ma mère ou si c'est seulement mon père. »

l'esprit de l'autre

□

Au Japon, un moine fut jeté par sept fois en prison. A chaque libération il recommençait à voler, puis se faisait arrêter; ainsi pouvait-il enseigner aux prisonniers, qui reçurent tous l'ordination de moine. Le grand moine, du nom de Shinhyo, continua ainsi son jeu, jusqu'à ce que les gardiens, émus et troublés, relâchassent les prisonniers et leur maître.
Celui qui donne un véritable enseignement doit comprendre l'esprit de l'autre.

histoire de karma

□

Il y a quelque huit cents ans, le prince de la province de Kyushu, Kato Saemon Shigenji, avait deux femmes. Il les aimait toutes les deux mais elles ne pouvaient s'entendre et se disputaient sans cesse. La vie du prince se trouvait empoisonnée par leurs constantes plaintes, leurs colères, leur esprit mesquin et jaloux, au point de songer au meurtre. Alors un jour, lassé de cette situation fausse, lassé de la superficialité de son existence et des honneurs de sa charge, il décida de couper avec ses illusions pour trouver les racines de son être; il abandonna son riche palais et toutes ses possessions, pour mener la vie simple du moine.

Sa première épouse suivit son exemple et se retira dans un monastère. La seconde, dans les mois qui suivirent son brusque départ, mit au monde un très bel enfant, son fils.

Les années passèrent. Depuis son plus jeune âge le fils héritier ne cessait d'interroger sa mère : « Où est papa? pourquoi je n'ai pas de papa? » Et la mère de lui expliquer, sans le satisfaire, que celui-ci avait disparu. Sa dixième année passée, son désir de retrouver son père était tel qu'il décida de partir à sa recherche. Devant tant d'insistance, la mère, qui avait enfin pu savoir que le prince s'était retiré dans un monastère de la montagne sacrée de Koyasan, décida de l'accompagner jusqu'en ce lieu.

Arrivée là, elle attendit dans une auberge, l'entrée du monastère étant interdite aux femmes, tandis que son petit garçon gravissait le mont à la recherche de son papa.

Une journée passa, la nuit tomba et le gamin s'endormit entre deux souches. Au matin, une voix le réveilla : « Que fais-tu là? » C'était un grand moine, aux traits fiers et doux, au crâne rasé, qui lui parlait.

« Je cherche mon papa.

– Ah! Mais qui est ton père? »

– C'est le prince de Kyushu, il vit dans cette montagne. C'est mon papa, je veux le trouver! »

Le moine, bouleversé, comprit qu'il avait en face de lui son fils unique, il reconnut en ses traits et ceux de sa mère et les siens, son cœur battait à se rompre, il voulait serrer entre ses bras le petit bonhomme qui le regardait de son air triste et têtu.

Mais non, il se retint, ne bougea pas. Et en ce temps-là, les règles observées par les moines étaient très sévères : quand un laïc décidait de prendre le bol, le bâton, et de revêtir la kesa, il devait couper toute attache avec son existence antérieure, sous peine de rompre les kais, les préceptes.

Alors le moine dit brutalement au petit garçon :

« Oui, ton père vivait ici mais il est mort la semaine dernière. »

Les yeux du petit s'embuèrent de larmes, il baissa la tête. Le moine, déchiré, ne savait que faire, pris entre le désir de serrer l'enfant dans ses bras et la volonté de ne pas enfreindre la règle de son ordre.

Mais le petit leva la tête et dit :

« Je veux aller prier sur sa tombe. Accompagnez-moi s'il vous plaît. »

Arrivés dans un endroit du cimetière, le moine montra une tombe sous un grand rocher, simple pierre gravée du nom d'un moine.

« Voilà, c'est ici. »

Le gamin se prosterna et pria longuement. Le moine retint ses larmes et au bout d'un moment lui dit :

« Allez, il est temps que tu rentres retrouver ta mère. »
Sur le chemin du cimetière, il s'était fait raconter la vie menée par ce fils qu'il ne pouvait plus reconnaître comme tel. « Allez, viens, tu n'as jamais vu ton père, il est mort, oublie-le, deviens à présent un homme digne de ton héritage de prince. »
Le gamin le suivit jusqu'au porche du temple et s'en retourna tristement par le chemin indiqué. Arrivé à l'auberge, il apprit que sa mère était décédée dans la nuit d'un brusque accès de fièvre. Fou de douleur, il s'en retourna avec son escorte à la ville voir sa tante chérie. Mais elle aussi venait de mourir, touchée par l'épidémie.
Alors le gamin vit l'univers s'effondrer autour de lui. Plus que jamais solitaire, rien ne l'attirait plus, les aliments avaient goût de cendre, les paysages gracieux de son jardin n'éveillaient plus rien, et les plus douces musiques rendaient un son funèbre. Mais dans sa tête d'enfant restait un seul espoir : le moine rencontré là-haut, sur la montagne, dans le monastère où coule une vie calme, rythmée par la méditation et les cérémonies.
Il s'enfuit du palais pour y retourner.
Le moine, un jour, le vit apparaître dans la cour du temple :
« Que fais-tu là?
– Je veux devenir moine. Toute ma famille est morte, la vie n'a plus de sens pour moi, je veux rester avec vous. »
Alors le moine réalisa qu'on ne peut couper avec son destin, son karma. On peut le modifier mais il vous suit toujours, sous une forme ou une autre.
Et ainsi le fils devint disciple du père.

la morale du tao

□

Un très célèbre voleur du nom de Koshi intéressait le sage Confucius; celui-ci en effet pensait pouvoir le convertir à sa morale.
Confucius se rendit donc dans la montagne où vivait, retiré, le voleur, et il entreprit de faire son éducation.
Koshi, le voleur, s'ennuya vite des paroles de l'importun :
« Vous êtes plus puéril qu'un enfant, s'écria-t-il soudain, votre morale est bonne pour vous, elle n'est pas bonne pour moi! Enseignez-moi donc l'autre aspect de la morale si vous voulez que je comprenne! Franchement je ne croyais pas que les grands sages étaient aussi bêtement naïfs! »
Confucius dut rebrousser chemin. En guise d'éducation, la leçon avait été grande, pour Confucius!

la Lune par la fenêtre

□

Maître Kodo Sawaki respectait infiniment maître Ryokan; il affirmait que Ryokan était le premier moine de l'histoire japonaise. Actuellement, sa popularité est encore très grande, et ses calligraphies sont rares et précieuses.
Ryokan n'était pas un flatteur : sans peur, sans anxiété, innocent et candide comme le sont les enfants, il ne dépendait de rien... sans temple... sans argent, il vivait dans une liberté totale et juste.
Quelqu'un lui demandait une calligraphie, il en faisait une... peu importe à qui...
Il vivait dans la province de Nagano, près du temple de Teisho-ji.
Un jour, le shogun de la province invita Ryokan à une très grande soirée avec de nombreuses geishas.
Autrefois, au Japon, les moines ne pouvaient consommer ni viande, ni poisson, ni saké... seulement en cachette!!!
Tout au long de la soirée, les ravissantes geishas furent à ses soins : « Voulez-vous de cette nourriture au parfum délicieux? Voulez-vous boire un peu d'eau de sagesse? »
Intentionnellement, elles parlaient à mots couverts.
« Oui », répondait Ryokan en buvant du saké et en goûtant les plats. A la fin du repas, le chef de la province lui dit : « Je désire construire un grand temple, je vous demande d'en être le chef, le pouvez-vous? »
Ryokan s'enfuit à toutes jambes...
Une autre fois, Ryokan, qui aimait beaucoup les enfants, jouait avec eux à cache-cache. Pendant une

partie, il se cacha dans une étable. La nuit tombée, les enfants retournèrent chez eux. Ryokan, jouant encore et toujours caché, demanda au fermier qui venait coucher ses vaches, de ne pas faire de bruit : « Le loup va venir!... »
Une nuit, un voleur entra dans son petit ermitage et ne trouva rien à emporter; mais il aperçut Ryokan endormi sous sa couverture. Aussitôt, le voleur s'empara de la couverture et s'enfuit. Le froid réveilla Ryokan qui, éternuant, réalisa que sa couverture lui avait été volée...!
La Lune brillait, magnifique dans le ciel, et Ryokan pouvait la voir de sa fenêtre : il composa alors ce poème, devenu célèbre :

Oh! merveille
La Lune si belle illuminant ma fenêtre,
Pourquoi le voleur ne l'a-t-il pas emportée?

Aucun événement, quel qu'il fût, ne pouvait troubler sa tranquillité intérieure.

colère et jalousie, quel karma!

□

Ceci se passait dans l'Inde ancienne, dans une famille où la belle-mère jalousait sa belle-fille et lui cherchait toujours querelle. Un jour où elle cuisait du riz, la belle-mere se mit en colère contre elle sans véritable raison; la belle-fille parut ne pas y prêter attention, mais soudain elle sortit du feu un morceau de bois enflammé et le lança violemment sur un mouton qui se trouvait à proximité; le mouton, dont la laine avait pris feu, s'enfuit en bêlant, et fonça droit sur une meule de foin qui elle aussi s'enflamma en un instant; comme le vent était très fort, le feu eut vite fait de s'étendre jusqu'à la maison des éléphants du roi; ceux-ci, surpris, brisèrent le toit et s'échappèrent jusque dans le pays voisin. Mais ils gardèrent une grande rancœur contre toute la population de leur pays d'origine et, chaque fois qu'ils rencontraient des natifs de cette contrée, ils les piétinaient rageusement. C'est ainsi que la guerre fut déclarée entre les deux pays, une guerre qui dura dix ans.
Ainsi, par la colère d'une femme jalouse, dix années de karma belliqueux et violent furent engendrées.

le moustique ou le père

□

Il était un brave homme et son fils, un peu simples. Ce fils était très honnête et très dévoué envers son père. Il le suivait toujours partout.
Un jour d'été, dans la montagne, alors que tous les deux dormaient sur l'herbe de la forêt, un moustique vint se poser sur la tête du père. Le fils se réveilla. Il était très gentil pour son père. Aussi, il prit un bâton et frappa le moustique. Le moustique s'envola mais le père était mort. C'est un koan.
On hait l'ennemi. L'ennemi s'enfuit et le père meurt. C'est pareil que de s'admirer soi-même pour briser les autres. A l'époque moderne, c'est une attitude très courante, surtout chez les politiciens, les hommes d'État. C'est la crise moderne.

la soupe de lépreux

□

Dans ma jeunesse, j'ai été fortement impressionné par l'histoire de Tosui, « Eau de pêche ».
Sa vie ne fut pas si douce!
Lors de ma première rencontre avec Kodo Sawaki, au temple de Sojiji, celui-ci m'avait prêté trois livres : le premier était la biographie du moine mendiant Tosui, le deuxième, sur les arts martiaux, le troisième, son journal : « les Oreilles d'un âne ». Je fus très marqué par la personnalité de maître Tosui.
Chef d'un grand temple, il s'en était échappé, abandonnant tous ses vêtements de moine pour rejoindre un groupe de mendiants lépreux. Dans les temps reculés, les lépreux, pourchassés de tous, étaient obligés de se retirer en communauté.
Un de ses disciples lui courut après...
Tosui lui dit : « Il est bien difficile de me suivre! Abandonne tout... même ton kolomo et ton kesa. Seule cette natte de paille te suffira pour dormir. »
Le disciple est donc parti avec maître Tosui.
Un jour, maître Tosui lui demanda de creuser un trou afin d'y enterrer un homme mort de la lèpre.
Le disciple obéit.
Quand le trou fut prêt, Tosui ordonna : « Prends donc les jambes pendant que je saisis la tête. »
Le corps du cadavre était complètement pourri par la lèpre et le disciple avait des nausées de dégoût.
Ils le mirent cependant en terre. Quelques instants après, le disciple, pour se remettre, demanda quelque nourriture à Tosui. Le maître répondit :
« Mange donc la soupe, là-bas! »

Dans cette soupe laissée par le mort, la suppuration des plaies était mélangée avec le liquide. « Voilà ton repas de chaque jour... Il ne faut pas que tu comptes manger des légumes ou de la viande. »
Le disciple se dit : « Si je n'absorbe pas cette soupe, ma décision est faible! Je dois manger! »
Mais la première bouchée s'arrêta dans sa gorge, cette soupe contaminée ne pouvait passer.
Maître Tosui lui dit alors : « C'est difficile! Devenir mon disciple est très difficile; et tu n'en es pas capable. »
Le disciple se mit à pleurer et Tosui continua : « Ma dimension et la tienne ne sont pas les mêmes. Nos circonstances sont différentes. Tu ne peux pas être mendiant. Tu dois être chef de temple. »
Et par la suite, ce disciple devint un grand moine. Tosui, lui, vécut en mendiant, dormant où il pouvait, dans les granges et les étables, dans des gîtes de fortune; il mourut à quatre-vingt-huit ans, près du temple Antai-ji, à Kyoto.
A la fin de sa vie, un riche marchant de saké en fit son protégé; il lui offrit pitance et gîte. En échange, Tosui vendait du vinaigre fait avec du saké fermenté. De temps en temps, Tosui s'échappait de la boutique de son protecteur pour aller dormir dans une étable. Il emportait toujours avec lui une image de Bouddha Amida qu'il accrochait tant bien que mal sur les murs de l'étable.
Tosui a écrit à ce sujet ce petit poème :

Ici, c'est étroit et sale,
Mais je vous prête cette étable.

J'ai été très impressionné par cette histoire.

la queue de l'éléphant

Aux Indes, une éléphante souffrait en mettant au monde son petit; alors le roi de ce pays chercha à l'aider. Mais seule une femme qui n'aurait jamais ni menti ni pensé à un autre homme pouvait aider à l'accouchement de cette éléphante.
Une femme, une seule, se présenta :
« Depuis que je suis mariée, je n'ai eu que mon mari dans ma vie. Je ne l'ai jamais trompé, pas même en pensée. Jamais je n'en ai aimé un autre; sûrement je pourrai aider à cette naissance. »
A cet instant, le bébé naquit, mais seule sa queue ne sortait pas.
Alors le roi et ses suivants doutèrent : « Pourquoi? »
Cette femme dit alors :
« J'ai peut-être menti.
– De quoi s'agit-il?
– Quand j'étais jeune fille, vers douze-treize ans, j'ai embrassé un bébé garçon et dès ce moment-là je l'ai aimé. Il n'en savait rien, mais je l'aimais. »
La femme s'étant ainsi confessée au roi, la queue de l'éléphanteau sortit aussitôt.

je ne fais rien

□

Yakusan était seul, en zazen dans le dojo; le maître entra et lui demanda : « Que fais-tu? »
Le disciple répondit : « Je ne fais rien. »
Le maître remarqua : « Tu fais zazen! »
Le disciple lui dit : « Si j'avais répondu zazen, cela aurait voulu dire que je faisais zazen. »
Le maître demanda alors : « Tu fais quelque chose... pourquoi est-ce ne rien faire?... »
Le disciple lui dit : « Même mille Bouddhas ne peuvent comprendre. »

penser sans penser

□

Maître Sekito, disciple et successeur de Seigen Gyoshi, lui-même successeur du sixième patriarche, Eno, demanda un jour à son disciple Yakusan assis en zazen dans le dojo :
« Que fais-tu en zazen?
– Je ne fais rien... pas même le zazen », répondit Yakusan.
Maître Sekito dit alors :
« Si tu ne fais rien, pas même le zazen, alors tu ne tomberas dans aucun degré (catégorie). »
Un autre moine demanda également à Yakusan, assis en zazen dans une forte et belle posture immobile.
« Que penses-tu maintenant? »
Yakusan répondit :
« Je pense du tréfonds de la non-pensée. »
Très curieuse réponse.
« Penser du fond de la non-pensée. Comment pense-t-on du fond de la non-pensée? »
Après avoir lu ce passage de Maître Dogen, Kodo Sawaki ne put pendant une semaine trouver le sommeil, demandant vainement une réponse, bien qu'il récitât quotidiennement le Fukanzazengi...
Épuisé par une semaine de veille, il s'endormit à même le sol de la cuisine du temple.
Un moine passa tout en parlant et, ne l'ayant pas vu, il trébucha sur son corps. Kodo Sawaki se réveilla et, à cet instant, il eut le satori. Il réalisa soudainement l'état d'hishiryo.
« Je comprends hishiryo sans pouvoir l'exprimer... Comme une étincelle éclairant brusquement mon esprit. »

le pouce du maître

□

Je vais vous raconter un célèbre koan chinois. Il s'agit de maître Gutei et de son disciple Tenryu (« Dragon du Ciel »), qui devint également un très grand maître.
Une certaine nonne était venue rendre visite à Gutei, qui habitait un ermitage dans la montagne. Elle demanda un mondo et posa une question à laquelle Gutei ne sut pas répondre. Alors la nonne décida de retourner chez elle. Mais Gutei insista pour qu'elle restât, car la nuit était avancée.
« Je ne le désire pas, répondit la nonne. Vous n'êtes pas très malin et certes pas un grand maître! »
Bien sûr, Gutei ne fut pas très content de cette réponse et n'en dormit pas de la nuit. A l'aube, Gutei se mit en zazen et Tenryu arriva. Tout de suite, Gutei lui demanda : « Quelle est l'essence du bouddhisme? » Tenryu, sans aucune parole, dressa son pouce en face du nez de Gutei... Gutei, complètement surpris, réalisa... Depuis lors, quand une personne voulait un mondo, Gutei ne répondait jamais plus mais tendait son pouce.
Ainsi le pouce de maître Gutei devint célèbre dans l'histoire du zen.

ni rien, ni non-rien

□

Maître Joshu posa à son disciple ce koan : « Qu'est-ce que c'est? » (Quelle est la condition de la conscience : ni rien, ni non-rien.) Le disciple répondit : « Je ne suis pas quelque chose; en zazen, je suis dans l'état de rien, maintenant je ne suis rien. »
Maître Joshu répondit : « Vous devez abandonner l'idée que vous n'êtes rien, abandonnez vos pensées! »

la transmission du passeur

□

Pendant vingt ans, Tokujo reçut l'éducation de maître Tosan en pratiquant zazen avec lui. Avant sa mort, Tosen lui donna le shiho. Par la suite, Tokujo devint passeur et, pendant trente ans, il attendit que se présente le vrai disciple. Le poème dit :

> Il voulait pêcher un gros poisson
> mais aucun poisson ne nageait
> Dans cette eau trop pure.

Pour faire ses cannes à pêche, il coupait tous les bambous de la forêt, puis en replantait. Un jour, un homme, du nom de Kassan, arriva près de la rivière.
Immédiatement, Tokujo comprit que cet homme était « le » gros poisson.
« D'où viens-tu?
– Je viens de nulle part. »
Le disciple était intéressant.
« Qui donc t'a éduqué?
– Zazen m'a éduqué. Je viens du zazen. »
Il y eut un très grand mondo. Tokujo voulait reconnaître profondément ce nouveau disciple et, en guise de réponse aux questions de Kassan, chaque fois Tokujo le poussait dans l'eau.
« Tes réponses, même si elles sont exactes, ne sont pas justes, c'est comme taper sur un âne. »
Et d'un coup de pied Tokujo flanquait Kassan dans l'eau. Dès que Kassan ouvrait la bouche pour

répondre, Tokujo criait : « Je ne veux pas discuter avec toi ! »
Et plouf !... le rejetait à l'eau.
Kassan obtint un grand satori.

grand et profond maître!

□

[Cette scène a été reproduite de nombreuses fois. Kodo Sawaki aimait la dessiner.]
Kassan était toujours dans l'eau, et Tokujo lui tendit une longue perche, après avoir frappé sa tête avec l'extrémité de celle-ci...
Il lui remit le katsumyaku de transmission et de succession qu'il avait conservé sur lui depuis trente ans, et se laissa tomber dans le fleuve en retournant son bac.
Le disciple était là.

rapide comme...

□

Un brave homme, noble et courageux, rendit visite un jour à quatre grands maîtres de kyudo (tir à l'arc) qui vivaient ensemble dans un lieu retiré.
L'homme parla ainsi :
« Vous êtes quatre, leur dit-il, que chacun de vous marche dans l'une des quatre directions, puis, se tournant vers moi, décoche sa flèche. Je les arrêterai toutes quatre avant qu'elles m'atteignent.
– Nous ne pouvons te croire! s'écrièrent-ils.
– Comme il doit être rapide! reprirent les élèves. Il est déjà difficile d'arrêter ne serait-ce qu'une flèche tirée par un maître, mais quatre à la fois! Cela relève du pouvoir magique. »
Alors le Bouddha Shakyamuni répliqua :
« Il y a encore plus rapide que cet homme brave et courageux : la course du Soleil et de la Lune et celle de l'éclair. Et il y a encore plus rapide que le Soleil et la Lune et l'éclair...
– Qu'cst-ce? »

eau pure, eau souillée

□

Une autre histoire de la Chine ancienne.
Un certain empereur demande à Kyoyu :
« Vous êtes un très grand homme, et je désire vous remettre la transmission de mon empire, l'acceptez-vous? »
Kyoyu, très mécontent, dit simplement :
« Ces paroles ont souillé mes oreilles. » Et il partit se laver les oreilles dans la rivière la plus proche.
« Aujourd'hui, dit-il, j'ai entendu des paroles malpropres. »
Son ami, qui conduisait une vache, arriva au bord de l'eau.
« Pourquoi te laves-tu les oreilles? lui demanda-t-il.
– Aujourd'hui, je suis très mécontent, l'empereur a voulu faire de moi son successeur; il m'a proposé son empire, et mes oreilles sont souillées par ces paroles, aussi dois-je les laver. »
Son ami lui dit alors :
« Je voulais faire boire ma vache dans cette eau claire, et la voilà sale!... »

où est le crime?

□

Maître Sosan, disciple d'Eka, était atteint de la lèpre.
Lors de sa première rencontre avec le deuxième patriarche, Sosan lui demanda :
« Maître, confessez-moi. Lavez-moi de ce mauvais karma et de mes crimes! »
Eka lui répondit :
« Apporte-moi tes crimes et tu seras nettoyé. »
A cet instant, Sosan s'éveilla.
Qu'est-ce que le crime? Le bien? Le mal?
Sosan reçut l'ordination de moine, et sa pratique intensive du zazen le guérit de sa lèpre.

épaule droite, épaule gauche

□

Un jour, deux hommes se présentèrent ensemble pour demander la main d'une jeune fille. Ils désiraient réellement le mariage. Les parents de la jeune fille lui demandèrent lequel des deux elle désirait épouser :
« Si tu veux l'homme qui vient de l'est, découvre ton épaule gauche. Si tu aimes celui qui vient de l'ouest, découvre ton épaule droite. »
La jeune fille découvrit les deux épaules.
Immédiatement les parents firent opposition. On ne peut pas avoir deux maris ! Il fallait choisir.
« Je ne peux pas me décider », répondit la jeune fille.
La raison était simple :
Le jeune homme de l'est était très riche mais laid, celui de l'ouest, était très beau mais pauvre... Et cette jeune fille voulait vivre dans la maison de l'homme riche et dormir dans le lit du beau jeune homme.

la carotte

□

Autrefois, au Japon, pour moudre le blé, les fermiers utilisaient des chevaux pour faire tourner la meule. Les chevaux, inlassablement, tournaient en rond, tout le jour, voulant attraper une carotte pendue devant leur nez; à la tombée de la nuit seulement, les chevaux pouvaient manger cette carotte.
C'est exactement l'image de notre civilisation!

ne pas fuir

□

Sariputra, le grand disciple du Bouddha, était assis en zazen, au bord d'un lac. A la surface de l'eau, de nombreux poissons sautaient. Sariputra changea de place et s'installa dans un endroit plus retiré. Mais le chant des oiseaux dérangeait son zazen. Les pensées affluaient, les illusions s'élevaient... Les oiseaux et les poissons le troublaient, aussi décida-t-il de les tuer et de les manger. Mais l'indigestion le rendit malade. Cette anecdote est un fait de jeunesse de Sariputra. Inutile de chercher à fuir le bruit de l'eau ou le chant des oiseaux. Le trouble vient de notre esprit.

les deux grenouilles

□

La sécheresse était grande, cet été-là à Osaka!
Ce n'était plus une vie pour la grenouille, qui se dit :
« Allons à Kyoto, là, au moins, il y a un beau paysage et surtout de l'eau! »
A la même époque, la sécheresse sévissait à Kyoto.
Ce n'était plus une vie pour la grenouille, qui se dit :
« Allons à Osaka, là, au moins, il y a un beau paysage et surtout de l'eau! »
Les deux grenouilles se rencontrèrent à mi-chemin, au sommet d'un mont, et se racontèrent les raisons de leur voyage; se persuadant de contempler chacune, du haut du mont, l'objet de leur vœu, elles se mirent alors à enfler et leurs yeux grossirent : la grenouille de Kyoto aperçut Kyoto, l'autre vit Osaka! »
Elles poussèrent un « pun pun » de colère. Celle d'Osaka dit : « Mais Kyoto, c'est comme Osaka! »
L'autre dit : « Osaka, c'est comme Kyoto! » Et chacune retourna d'où elle était venue. En fait, elles n'avaient fait que voir l'image, l'une d'Osaka, l'autre de Kyoto, reflétée dans les yeux de chacune.

la véritable intimité

□

En Chine, un après-midi, une mère remplie d'amour pour son fils filait tranquillement la laine.
Des hommes firent soudain irruption chez elle et lui lancèrent : « Votre fils n'est qu'un assassin! Il vient de tuer quelqu'un! » La mère n'en crut pas un mot et n'arrêta pas son rouet. Un autre homme arriva et confirma : « Oui! oui! Il a tué! » Mais la maman continua à filer tranquillement.
« Non, dit-elle, en continuant son travail, non, je crois en mon fils. »
On apprit plus tard que ces nouvelles étaient fausses.
Lorsque la foi véritable entre parents et enfants, mari et femme, disciples et maîtres n'existe pas... le démon arrive!
Mais une véritable intimité ne s'expose pas, ne se raconte pas, ne se certifie pas, ne se montre pas! Il n'est point nécessaire de l'afficher, de s'excuser, le dualisme n'existe plus.

où est l'infirme?

□

Deux hommes marchaient dans la nuit sur un chemin qui traversait une forêt obscure dans une montagne reculée. L'un des deux était aveugle, et son compagnon le guidait. Dans les fourrés sombres, soudain un démon se dressa sur le chemin. L'aveugle n'éprouva pas la moindre crainte, alors que son compagnon fut terrorisé! L'infirme conduisit alors son ami...
Cette courte histoire nous offre quelque enseignement.

l'esprit de la pierre précieuse

□

Une jeune dragonne, âgée de huit ans, reconnut la véritable nature de l'esprit, la nature de bouddha. Devenue bouddha, elle créa un paradis dans le Sud. Sariputra, prenant conscience de l'événement ne put s'empêcher d'en douter.
« Elle n'a que huit ans... Ce n'est encore qu'une enfant. A son âge elle ne peut être un bouddha ! »
Sariputra ne pouvait le croire. Il se rendit auprès de Shakyamuni et lui exposa son doute.
« Vari, la jeune dragonne, a-t-elle réellement le satori ? A-t-elle vraiment reconnu ce qu'est la nature de bouddha ? »
Pour toute réponse, le Bouddha montra la pierre précieuse que la jeune dragonne lui avait remise.
Le seul fait de remettre une pierre précieuse est l'authentification de la réalisation de la nature de bouddha.
Sariputra s'inclina en murmurant : « Compris... compris... »
Cette pierre précieuse est notre véritable esprit.

les trois ponts

□

Un vieux père réprimande son ivrogne de fils qui rentre chaque soir ivre à la maison. Celui-ci promet de s'amender et de boire moins.
Le soir même, le fils ne rentrant pas, le père part à sa recherche. Il le trouve à demi noyé, accroché au pilier du pont qui sépare l'auberge de la maison paternelle.
« Pourquoi es-tu dans cet état, demande le père, le jour même où tu m'avais promis de moins boire? »
Le fils répond : « En effet, j'ai bu moins et voilà le résultat. D'habitude je bois trois sho de saké (trois fois un litre huit) et chaque soir, en rentrant je vois trois ponts : je prends toujours celui du milieu, et tout va bien! Ce soir, je n'ai bu que deux sho et j'ai vu deux ponts; ne sachant que faire, j'ai pris à tout hasard celui de gauche et je suis tombé à l'eau! »
Le père : « Allons, rentrons! »
Le fils : « Oh non! pas encore! Laisse-moi aller boire mon troisième sho de saké, et ça ira mieux. »
Sitôt dit, sitôt fait, et le fils rentre sain et sauf à la maison par la voie naturelle.

le visage dans le baril

□

Dans le Japon ancien, un fabricant de saké avait une femme très jalouse.
Un jour que son mari remplissait des barils, sa femme vint regarder la surface du liquide lisse comme un miroir. Elle pouvait y contempler son propre visage mais, prise de jalousie, elle pensa :
« Tiens ! mon mari cache une autre femme dans son baril ! » Et elle se précipita pour le lui dire.
Son mari, en se penchant à son tour, aperçut à la surface du liquide un visage d'homme. « Tiens, elle aussi a un amant caché ! » Et ils se battirent comme des chiffonniers...
Obtenir les deux extrémités n'est guère réalisable, et ce n'est pas si important pour notre vie quotidienne.

silence total

□

Dans un petit temple perdu dans la montagne, quatre moines faisaient zazen. Ils avaient décidé de faire une sesshin dans le silence absolu.
Le premier soir, pendant le zazen, la bougie s'éteignit, plongeant le dojo dans l'obscurité profonde.
Le moine le plus nouveau dit à mi-voix : « La bougie vient de s'éteindre! »
Le deuxième répondit : « Tu ne dois pas parler, c'est une sesshin de silence total. »
Le troisième ajouta : « Pourquoi parlez-vous? Nous devons nous taire et être silencieux! »
Le quatrième, qui était le responsable de la sesshin conclut :
« Vous êtes tous stupides et mauvais, il n'y a que moi qui n'ait pas parlé! »
Tâche sur la satori! « Il n'y a que moi de bien! »

les deux nez

□

Il existe cette histoire de la Chine ancienne : Un homme avait une très jolie épouse, mais malheureusement son nez trop plat déparait la beauté de son visage. Et même son meilleur ami lui répétait souvent : « Ta femme est ravissante, dommage que son nez soit si plat ! »

Un jour, en se promenant dans la rue, il aperçut une femme qui avait un joli nez. Aussitôt, il s'empara de cette femme, lui coupa le nez et le rapporta chez lui.

Il trancha également celui de sa femme et lui fit une greffe avec le nouveau nez. Mais le nez ne tint pas et il perdit à la fois deux très jolies femmes.

beauté naturelle, vérité inconsciente

□

Bien souvent, au Japon, l'incomplet ou l'asymétrie dans l'art sont considérés comme la vraie beauté.
Un des plus beaux palais, trésor national du sanctuaire Tosho Gu, près de Nikko, a un portique d'entrée recouvert de feuilles d'or, le Yo Mei Mon.
Le portique est composé de quatre colonnes, dont l'une est à l'envers, le haut et le bas étant inversés.
Le portique est toujours regardé comme un modèle de véritable beauté.
Nous en avons un autre exemple dans un livre zen très intéressant, le Shaseki Shu, écrit par maître Muju (le maître sans temple) : « La vérité du Sable et de la Pierre » :
Un coursier, malade épileptique, doit se rendre chez quelqu'un dans la nuit.
Sur son chemin, il doit traverser un petit pont de bois surplombant un torrent rapide.
En regardant du haut du pont l'eau du torrent, il est frappé par une crise d'épilepsie.
Dans cet état, il tombe dans l'eau et flotte, porté par le courant. Le lendemain matin, il se réveille sur l'autre rive... vivant.
En état de mort apparente, il était tombé dans l'eau, et c'est ainsi qu'il a pu continuer à vivre.
S'il avait fait la même chute dans son état normal, il aurait certainement péri.
Inconsciemment, il a pu vivre!

par-delà le miroir

□

Le mondo suivant eut lieu entre Kyosei et maître Reiun.
Kyosei demanda à Reiun :
« Quand apparaît le moment de la pureté absolue? »
Reiun dit :
« Le moment n'a pas le temps. Son essence est permanente et vide; c'est le ku éternel, le Grand Rien qui se déverse dans Tout, et emplit tout. »
L'*Hokyo Zan Mai*[1] en parle comme la substance véritablement permanente qui se déverse d'une manière continue dans le courant.
Kyosei demanda encore :
« Pouvez-vous trouver une méthode pour en faire avancer la réalisation? »
Reiun répondit :
« S'il vous plaît! Brisez le miroir, alors il vous sera possible de regarder en vous-même. »
C'est d'après cette histoire que maître Daichi a écrit cette phrase :
« Déformant le miroir et forgeant l'image », et composé un poème.

1. Texte sacré du zen, dans « la Pratique du zen », par T. Deshimaru (Seghers).

forger l'image

□

Nous devons aussi connaître le mondo qui se tint entre Nangaku et le moine Seigen au sujet de cette phrase : « Déformer le miroir et forger l'image. »
Seigen et Nangaku furent deux grands disciples de maître Eno, le sixième patriarche. Seigen, un jour, demanda à Nangaku :
« Que signifie forger l'image?... Où la lumière disparaît-elle? »
Cela pose le problème délicat de la conscience pendant zazen.
Maître Nangaku répondit :
« C'est la même chose dans votre vie; maintenant, dans votre posture, que reste-t-il de votre enfance? »
Le moine dit alors :
« Même si le miroir ne renvoyait pas d'image, il ne pourrait tromper personne. »

sans but ni esprit de profit

□

Maître Nansen demande à son disciple Obaku :
« Quand notre pratique de zazen et notre sagesse s'équilibrent, nous pouvons obtenir le satori ou voir la nature de Bouddha, atteindre ku. Qu'est-ce que cela signifie? »
La réponse d'Obaku est Mushotoku :
« Je ne veux pas dépendre de quoi que ce soit. »
Cela signifie qu'il ne dépend pas même de zazen ni de la sagesse. Il ne désire pas obtenir le satori, pas même par zazen, ni par l'intelligence et la sagesse.
Alors Nansen dit : « Vous ne devez pas même dépendre de la non-dépendance. »

reflet de la Lune dans l'eau

□

Le moine Yuse était très bel homme, et une femme tomba amoureuse de lui. Cette femme était mariée, et cet amour interdit la tourmentait. Malgré les conseils de sa mère, elle ne pouvait s'empêcher de l'aimer, et elle finit par tomber malade.
Elle alla se réfugier chez sa mère, qui supplia Yuse de venir pour essayer de la guérir. Yuse se rendit chaque jour chez elle pour lui enseigner les sutras. Peu à peu, elle recouvra la santé; mais un jour, tous deux cédèrent au désir de l'amour... C'est ainsi que Yuse enfreignit deux importants préceptes : il eut des rapports avec une femme mariée et, par amour de cette femme, il commit un meurtre en tuant le mari.
Il fut vite pris de remords et de crainte et alla se confier au bouddha. Bouddha le rassura et lui dit qu'il allait lui donner le pouvoir de la non-peur.
Et Bouddha prit la posture de zazen, puis d'autres postures, il prit de multiples formes : tous les phénomènes sont comme des ombres dans un miroir ou comme le reflet de la Lune sur la rivière.
Les gens stupides souffrent à cause de leur esprit empli d'illusions, de folies et de peurs; mais tout cela n'est qu'images dans un miroir, reflets de la Lune dans l'eau. Ce sont les illusions de la conscience, elles n'ont pas de réelle existence. Et par cet enseignement du bouddha, Yuse eut le

satori. Il comprit que jusqu'à ce jour sa vie avait été comme un rêve, et qu'il existait une vie authentique, profonde, au-delà de ce rêve. C'est alors découvrir la vie comme on découvre les images d'un film après son développement. Il comprit cela et eut le satori de la non-naissance, immortel. Il vit ce qui est avant la naissance, il vit l'origine de la vie. Ainsi atteignit-il l'état de bouddhéité. *Maintenant il existe.*

grosse tête

□

Chaque matin, un homme se contemplait dans son miroir. Un jour, se regardant dans le miroir posé à l'envers, il n'aperçut plus son visage; il pensa alors qu'il avait perdu tête et cou, et, paniqué, il se mit à les chercher.
Un ami lui dit : « Pourquoi cherches-tu ta tête? Elle est tellement grosse que je ne vois qu'elle! »
Alors l'homme se mit à penser que sa tête est plus grosse que celle des autres. Il en conçut beaucoup de fierté, et se remit à chercher sa tête.
Histoire très intéressante. Perdre sa tête est la perte des illusions. Mais la fierté de la grosse tête, c'est l'obtention d'un satori égoïste et stupide.

grandes oreilles

□

Maître Muso vivait parmi les mendiants sous les ponts. Sa vivacité d'esprit était célèbre, et l'empereur était curieux. Un jour, celui-ci envoya un messager; mais les recherches furent vaines. Muso se dissimulait.
Le messager avait toutefois remarqué un mendiant au regard aigu, au nez fort et aux grandes oreilles; ce ne pouvait être que Muso. Il essaya donc un stratagème; s'adressant au groupe de mendiants, il dit :
« J'ai ici des pièces de monnaie; elles sont à vous si vous réussissez à me les prendre sans vous servir de vos mains. » Aussitôt, ce mendiant donna un coup de pied dans les mains du messager, et les pièces volèrent partout.
Et le messager comprit.

histoire de kami

□

Jadis, il y a très longtemps, un ermite, le crâne tondu, voyageait avec sa très chère femme. En chemin, Madame a envie de pisser et se met au devoir, au bord du chemin désert, de se soulager. Son mari l'arrête.

« Hé là ! Allons, allons ! Que vas-tu faire là ? Cet endroit est consacré à un kami (dieu).

Elle se retient. Un peu plus loin, elle interroge son mari :

« Et là ? Est-ce possible ? »

« Pas question ! Cet endroit est consacré au dieu des quatre saisons. »

Madame se retient. Un peu plus loin, elle avise le bord d'une rivière.

« Ici, ça ira non ? Allez, je fais pipi », dit-elle.

« Hé là ! Hé là ! C'est interdit : lieu consacré au kami de l'eau, lieu respectable ! »

La femme de l'ermite pleure, car elle a très envie. Son lacet d'espadrille se défait. Elle veut s'accroupir pour le rattacher, mais c'est impossible car cela comprime sa vessie. Elle prie alors son mari de la relacer : « Je ne veux pas pisser », dit-elle. Le mari s'accroupit devant elle. Tandis qu'il la relace, Madame se détend et se décharge sur le crâne nu de son mari. Celui-ci s'indigne ! Elle explique :

« Partout dans cette montagne, il y a des dieux (kami).

1. *Kami,* en japonais, a le double sens de « dieu » et de « cheveux ».

Tout est consacré! Il n'y a pas moyen de pisser selon toi! Enfin j'ai trouvé un endroit où il n'y a pas de kami (cheveux) et je pisse dessus! Tu n'es pas content? »

les deux vaches à la mer

□

Dans la Chine ancienne, maître Tozan voyageait dans la montagne avec un ami.
Dans l'eau du torrent qui longeait leur chemin, ils aperçurent un morceau de légume qui flottait au fil de l'eau.
« Certainement quelque ermite habite non loin de ce torrent », pensèrent-ils et ils continuèrent leur route. Ils arrivèrent au mont du Dragon et aperçurent un petit ermitage. Un vieil homme en sortit aux longs cheveux et à la barbe blanche.
« Depuis combien de temps vivez-vous dans cette montagne? »
Le vieil homme répondit :
« Je ne peux m'en souvenir. Le printemps vient, l'herbe pousse, les arbres deviennent verts. En automne, la nature devient rousse et le froid tombe sur la terre. »
Ils insistèrent et demandèrent encore :
« Pourquoi donc vous êtes-vous retiré dans la montagne du Dragon? »
Le vieil ermite leur répondit :
« Ce n'est pas très important. Mais ma vie a changé quand j'ai vu deux vaches qui combattaient très fort, puis sont entrées dans la mer; je ne les ai plus jamais revues depuis.
Ma vie maintenant est très paisible. »
Ces deux vaches sont la métaphore du dualisme, des oppositions subjectif-objectif combattant sans

cesse dans l'esprit. Un jour, ce vieil ermite réalisa que l'esprit de foi est non-deux. Il partit dans la montagne. Ensuite, plus rien. Seulement cette vie paisible et solitaire de la montagne.

ne pas mourir

□

Un jour, un vieil homme rendit visite à maître Ryokan et lui dit : « J'aimerais vous demander de faire un kito [1] à mon intention. J'ai vu la mort de beaucoup de gens autour de moi. Et moi aussi je devrai un jour mourir.
Alors, s'il vous plaît, faites un kito pour que je vive longtemps.
– D'accord. Faire un kito pour vivre longtemps n'est pas du tout difficile. Mais quel âge avez-vous?
– Je n'ai que quatre-vingts ans.
– Vous êtes encore jeune. Un proverbe japonais dit que jusqu'à la cinquantaine on est comme un enfant, et qu'entre soixante-dix et quatre-vingts ans, il nous faut aimer.
– D'accord, faites-moi un bon kito.
– Jusqu'à quel âge voulez-vous vivre?
– C'est assez pour moi de vivre jusqu'à cent ans.
– Votre désir n'est pas vraiment grand. Jusqu'à cent ans, il ne vous reste plus que vingt ans à vivre. Ce n'est pas tellement long. Mon kito étant complètement exact, vous mourrez donc juste à cent ans. »
Le vieil homme prit peur :
« Non, non! Faites que je vive jusqu'à cent cinquante ans.
– Actuellement, ayant déjà atteint quatre-vingts ans, vous avez donc dépassé la moitié de ce que vous désirez. Escalader une montagne exige

1. *Kito :* cérémonie pour exaucer un vœu.

beaucoup d'efforts et de temps, en redescendre est rapide. A partir de maintenant, vos soixante-dix dernières années vont passer comme un rêve.
– Alors donnez-moi jusqu'à trois cents ans. »
Rokyan répondit :
« Comme votre désir est petit! Seulement trois cents ans! Un proverbe de l'époque ancienne dit que les grues vivent jusqu'à mille ans et les tortues jusqu'à dix mille ans. Si des animaux peuvent vivre aussi longtemps, comment vous, être humain, désirez-vous ne vivre que trois cents ans!
– Tout cela est bien difficile, dit le vieillard. Pour combien d'années de vie pouvez-vous me faire un kito?
– Ainsi, vous ne voulez pas mourir! C'est une attitude tout à fait égoïste!
– Certainement, répondit-il.
– Alors, mieux vaut faire un kito pour ne pas mourir.
– Oui, bien sûr! Est-ce possible? Je choisis ce kito-là.
– C'est très cher, très, très cher, et cela prend beaucoup de temps.
– D'accord », dit le vieil homme.
Ryokan ajouta alors :
« Aujourd'hui, nous commencerons par seulement chanter le Hannya Shingyo, puis chaque jour il vous faudra venir faire zazen dans le temple. Je ferai alors des conférences à votre intention. »
Ryokan le conduisit ainsi à la foi juste et exacte.

le sutra de la grande sagesse

□

Maître Genjo naquit vers l'an 600. Lorsqu'il décida de partir pour l'Inde, il avait la ferme détermination de ramener de ce pays tous les sutras bouddhistes qu'il y trouverait, puis d'en propager l'enseignement en Chine. Il venait de dépasser les contrées limitrophes de la Chine et de l'Inde lorsque la nuit tomba; il se dirigea alors vers un pauvre temple isolé; à peine entré, il entendit appeler; c'était la voix d'un vieux moine mourant qui dit à Genjo dès qu'il l'aperçut : « Je sais ce que tu viens chercher dans notre pays. Écoute attentivement. » Et il lui lut le sutra de l'Hannya Shingyo, le sutra de la grande sagesse. Ce fut pour Genjo le plus grand des ravissements. Poursuivant son voyage à travers l'Inde, il ne cessa de le chanter de peur de l'oublier, redoublant d'ardeur lorsque sa vie présentait un danger.

Il se trouvait dans le centre de l'Inde lorsque, une nuit, ce vieux moine apparut de nouveau près de son lit :

Genjo en fut très surpris.

« Comment êtes-vous arrivé ici? demanda-t-il.

– Je suis Avalokitesvara, le bodhisattva Kanon, répondit l'apparition. Je veux vous donner l'exacte connaissance du merveilleux sutra de l'Hannya Shingyo; aussi suis-je venu jusqu'à vous! » A peine eut-il fini de parler qu'il s'évanouit de nouveau, laissant Genjo seul dans la chambre, en possession du splendide trésor de l'Hannya Shingyo; il en comprenait désormais toute la profondeur et pouvait le réciter aussi bien en sanskrit qu'en ancien chinois. Aussi put-il réaliser son vœu et rapporter ce sutra de la grande sagesse dans son pays.

chaud, très chaud

□

Tanzan, un très célèbre maître zen dirigeait un enterrement selon le rituel. Devant le cercueil, avec un tison enflammé il traça un triangle dans l'espace; tous les assistants attendaient les merveilleuses paroles d'usage, mais la bouche du maître resta hermétiquement fermée.
Alors, tandis que les assistants regardaient fixement les rayons du soleil couchant qui, en tombant directement, embrasaient le crâne rasé du maître...
« Chaud, dit Tanzan, chaud, oh, très chaud! »
Il fit alors un salut désinvolte devant le cercueil et retourna à sa place. Il est inutile de dire que les assistants restèrent longtemps intrigués et cela bien après que le cercueil eut été mis en terre.

le vent dans le sac

□

Jadis, dans un temple, un moine dit à son moinillon :
« Quelle chaleur insupportable! Va me chercher du vent frais à la montagne d'en face. »
Le moinillon prend un grand sac et s'en va à la montagne d'en face. En chemin, il est pris d'une envie de dormir. Il se couche et tombe dans un profond sommeil. Quand il se réveille, il fait presque nuit. « J'ai dormi... Que faire? Si je rentre sans rien, le supérieur va m'attraper. »
Au bout de quelques moments de réflexion, il dit : « J'ai trouvé! » Il se lève, adapte le sac à son derrière, pète, pète et repète jusqu'à ce que le sac soit plein... Sac à la main, il retourne au temple.
Le moine dit : « Tu es en retard! Depuis le temps que je t'attends!!! Eh bien! Vite, sors le vent. »
« Entendu », dit le moinillon, et il ouvre son sac.
Quelle bouffée! Pouah!
Le moine : « Le vent d'aujourd'hui, quelle puanteur! »
Le moinillon, froidement, sans s'émouvoir, lui répond :
« C'est la chaleur, le vent aussi sent le renfermé. »

entrez par le porche

□

Un moine nommé Choro rend visite à Kisan, le disciple de maître Tosan.
« Comment peut-on briser l'étroit porche avec la pointe de la flèche? »
Kisan lui répond :
« S'il vous plaît, entrez par le porche et jetez l'hôte dehors. »
Kisan frappe Choro de sept coups avec un énorme kyosaku... Les coups volent dans tous les sens et s'abattent même sur la tête.
« Maintenant, je peux vous admettre, vous reconnaître, mais il vous faudra douter pendant trente ans; ainsi pourrez-vous résoudre ce problème. »
... Il faut douter pendant trente ans... Ce porche est vraiment d'acier! Ici et maintenant, personne ne peut le passer, même Choro n'a pu le franchir.

se promener dans la montagne

□

Un maître se promenait dans la montagne. A son retour, un de ses disciples lui demanda :
« Maître, où êtes-vous aller vous promener?
– Dans la montagne », répondit le maître.
Le disciple insista :
« Mais quel chemin avez-vous pris, qu'avez-vous vu? »
Le maître lui répondit :
« J'ai suivi l'odeur des fleurs et j'ai flâné selon les jeunes pousses. »
Il faut se laisser guider par le dharma du Bouddha, faire confiance aux herbes et aux fleurs qui poussent sans but, sans égoïsme, naturellement, inconsciemment. Cette réponse venait de la source de la sagesse.
La véritable sagesse doit être créée au-delà du savoir et de la mémoire.

polir la tuile

□

C'est un fameux mondo entre Baso, disciple de Seigen Nengaku, qui était lui-même disciple d'Eno, et son Maître.
Baso était en zazen quand son maître lui demanda :
« Que fais-tu?
– Je fais zazen.
– Quelle idée! Pourquoi fais-tu zazen?
– Je veux devenir bouddha. »
Le maître prit alors une tuile d'un toit et se mit à la polir.
Alors Baso demanda :
« Maître, quelle est votre idée? Que faites-vous? Pourquoi polissez-vous cette tuile?
– Je veux en faire un miroir!
– Mais... vous n'y arrivez jamais, Maître!
– Et comment est-il possible de devenir bouddha en pratiquant zazen? », rétorqua le maître.

larves dans un cadavre

□

Un sutra relate un mondo entre Sariputra et un de ses disciples. Ce dernier regardait les os d'un crâne en décomposition dans un cimetière. Des vers et des larves grouillaient dans les orifices. Le disciple demanda à son maître :
« Qu'est-ce que cela? C'est horrible à voir! »
Sariputra lui répondit : « Ces os que tu vois étaient la tête d'une très jolie femme. Jusqu'à sa mort, elle ne pensa qu'à sa beauté et avait des amants en grand nombre. Son attachement à la beauté était immense. Même après sa mort, elle ne put se détacher de sa beauté; sa conscience se perpétuait dans le désir d'un homme très riche! Son mauvais karma la fit larves grouillantes dans un cadavre pourrissant.

la nature du Bouddha

□

Un disciple du nom d'Esshin amenait toujours sa vache avec lui lorsqu'il allait écouter les enseignements de son maître.
Un soir, comme ils rentraient après une lecture sur l'Hoke Kyo (sutra du lotus), la vache, avec son sabot, écrivit sur le sable du chemin ce tanka :

> Ce soir, j'ai entendu
> que même les herbes, même les bois,
> pouvaient avoir l'esprit du bouddha.
> Je suis très heureuse
> Car j'ai un esprit.

Quelle est la signification de ces lignes?
La vache pensait que les plantes, les arbres n'avaient pas d'esprit. Or, elle comprit ce soir-là qu'elle n'était qu'un animal, mais qu'elle avait un esprit. « Ainsi, je possède également la nature du Bouddha. Mon maître m'a donné aujourd'hui un enseignement précieux. Je peux le comprendre par cet esprit. »
Les arbres, les pierres, les bois, tous les éléments du cosmos entier possèdent la nature du bouddha.

le miroir dans le coffre

□

Revenant d'un pèlerinage, un homme achète en ville un miroir, objet inconnu pour lui.
Il croit y reconnaître le visage de son père et l'emporte ravi chez lui. Il le range dans un coffre au premier étage, n'en dit rien à sa femme et va de temps en temps « voir son père », quand il se sent triste et solitaire.
Sa femme lui trouve un drôle d'air chaque fois qu'elle le voit redescendre de la chambre.
Elle épie et s'aperçoit qu'il ouvre un coffre et reste longtemps penché au-dessus.
Une fois le mari parti, elle ouvre le coffre à son tour et y voit une femme. Elle s'enflamme de jalousie et invective son mari. Grave querelle de ménage! Le mari maintient qu'il s'agit de son père qui est caché dans le coffre!
Par bonheur passe une nonne. Elle veut régler le conflit et se fait montrer le coffre objet du litige.
Elle déclare en redescendant : « Dans le coffre, il n'y a ni homme, ni femme, mais simplement une nonne! »

penser, ne pas penser

□

Dans la montagne, un vannier fabriquait un panier, travaillant près du feu. La vieille de la montagne arrive : « Quel froid de canard », dit-elle. Le vannier se dit : « C'est l'atroce vieille de la montagne, il faut lui jeter de la cendre. » La vieille lui dit : « Tu veux me jeter de la cendre? »
Il est déconcerté. Il se dit : « Je vais lui faire goûter de ma hachette. » Elle lui dit : « Tu veux me découper de ta hachette? »
Il se dit : « Elle devine tout ce que je pense. Elle va me dévorer. » Et la vieille une fois encore lui dit ce qu'il pensait.
Il décide alors de ne plus y penser et continue son travail intensément, en silence.
Tout d'un coup, sans réfléchir, il lui envoie à la figure une poignée de cendres.
Elle s'enfuit alors, vaincue, dans la plaine.

grand maître, grand disciple

□

Le grand maître Kyodo[1] avait un disciple, Kisho.
Celui-ci ne pouvait arriver à vaincre son maître.
Le maître était le maître. Aussi attendait-il la mort de son maître. Mais celui-ci, très fort et en excellente santé, n'était pas près de mourir.
Le disciple Kisho, décide donc de tuer son maître.
Un jour, Kisho s'entraînait au lancement de flèches dans un champ lorsque maître Kyodo survint pour le rejoindre.
Juste à ce moment, le disciple décocha une flèche en visant son maître; mais le maître également tira... les deux flèches se rencontrèrent en plein vol et tombèrent.
Le disciple tira neuf fois et, à chaque fois, la flèche du maître arrêtait celle du disciple.
Kisho avait dix flèches. Kyodo n'en avait que neuf.
Le disciple tira donc la dixième, la dernière flèche.
Kyodo prit sa lance, la projeta et coupa au vol la flèche.
Le disciple ne put que faire sampai[2].
Le maître et le disciple s'embrassèrent.
« Ô grand maître!
– Ô grand disciple! »
Leur ego disparu, évanoui, ils entrèrent dans les relations éternelles de maître à disciple.
Cette métaphore signifie qu'aucune technique n'est

1. Tir à l'arc.
2. La prosternation.

aussi efficace que la sagesse qui naît de l'ordre cosmique.
Les techniques et toutes les sciences qui sont dirigées par la raison n'ont aucune valeur face à l'intuition juste.

l'esprit de la vieille dame

□

Tetsu avait reçu l'éducation de maître Dogen; jeune, intelligent, bon zazen, bon samu[1], il était le troisième d'Eihei-ji[2]. Ejo, plus âgé que Dogen, était pourtant devenu son disciple et domestique. Il respectait Dogen, qui avait également du respect pour lui. Ejo avait un esprit profond, empli de compassion.
Tetsu était « parfait » et très habile : sutra, posture, zazen, comportement, tout était très bien.
Mais il avait un point faible : il n'avait pas « l'esprit de compassion de la vieille dame » et ne pouvait suivre l'ordre cosmique. Aussi Dogen, peu de temps avant sa mort, le fit appeler et lui dit : « Tu comprends tout du bouddhisme, mais tu ne peux abandonner ton habileté et ton intelligence. Tu dois avoir " l'esprit de la vieille dame, l'esprit de la grande compassion ".
Cette compassion doit aider l'humanité tout entière. Tu ne dois pas penser seulement à toi-même. »
Nous avons en nous l'esprit ni rare ni spécial du Bouddha. Nous devons le croire inconsciemment, naturellement, automatiquement. C'est la véritable foi. Nous et Bouddha, ne sommes pas séparés. Il faut aller au-delà de la puissance du Bouddha ou de Dieu. C'est perdre son ego et avoir l'esprit de compassion. Mais cela ne dépend ni de l'intelligence, ni de la technique, ni du savoir.

1. Travail manuel.
2. Célèbre temple zen.

légende indienne

□

Une légende indienne nous conte l'histoire d'un roi contemporain du Bouddha. Ce roi, en compagnie de sa ravissante épouse, partit dans la montagne. Pendant le sommeil du roi, la jeune femme s'enfuit pour aller rendre visite à un ermite qui pratiquait zazen dans un petit ermitage.
Cet ermite recevait de nombreuses visites féminines... Le roi, jaloux, en prit ombrage. « Pourquoi les femmes sont-elles en contemplation devant cet ermite? » se demandait-il.
Furieux, il se rendit chez lui.
Cet ermite avait une immense patience.
« Que fais-tu? lui demanda le roi.
– Je pratique la patience, lui répondit l'ermite.
– Seras-tu en colère si je le suis après toi?
– Non, jamais, dit l'ermite.
– Même si je te tue en te découpant en petits morceaux? lui demanda le roi.
– Non », répondit l'ermite.
Alors le roi le fit découper, petit bout par petit bout, les doigts, les mains, les oreilles, les jambes... Dans le sutra relatant cette histoire, le nom du roi est « le Découpeur ». Mais, chose étrange, l'ermite ne fut pas même blessé et il continua de pratiquer la patience dans l'attitude du non-ego.

une planche à la mer

□

Un jour, un moine confirmé et un novice voyageaient par bateau. Surgit une forte tempête qui fit couler le bateau. Le jeune moine put saisir une planche de bois à laquelle il s'agrippa et il nagea en direction de son aîné, qui n'avait rien pour s'aider à flotter.
« Comprends-tu l'enseignement du bouddha? » demanda-t-il au jeune novice. Alors, sans aucune pensée, le jeune moine, spontanément, offrit sa planche.
A ce moment, le dieu de la mer, le Grand Dragon, surpris par l'attitude du jeune moine, déclencha une vague haute comme une montagne qui porta le novice sur le rivage.
Maître Dogen conclut : « Ce moine comprenait la pratique de la sagesse. Il suivait l'ordre cosmique. Il a saisi l'enseignement du bouddha sans penser, sans aucun doute. »
Lorsque nous suivons la loi cosmique, nous ne pouvons pas tomber dans l'hésitation ou le scepticisme. La vérité est pratiquée spontanément, sans conscience personnelle. Nous ne pouvons pas sombrer dans l'erreur. Zazen, pratiqué mushotoku [1] ouvre la porte de la vraie liberté.
Nous devons croire sans pensée... Cela est la foi.

1. Sans but ni esprit de profit.

la branche de pin

□

Dans le Japon ancien, un grand moine, économe de Eihei-ji, effectuait souvent d'importants transports d'argent. Un jour, un voleur se mit à le suivre dans l'espoir de s'emparer du riche butin.
Une nuit, il entra à pas de loup dans la cabane où il pensait trouver le moine endormi et l'argent. Il ouvrit doucement la porte, et avant d'entrer jeta un coup d'œil dans la pièce : personne! Le clair de lune inondait la chambre; sa lumière éclairait, au centre de la pièce... une simple branche de pin! Le voleur étonné se dit : « Pourquoi cette pièce est-elle vide? Le moine n'est pourtant pas sorti. Il devrait être là, je l'ai vu entrer! » Il ressortit pour regarder dehors, puis rentra. Rien! Il recommença plusieurs fois le même manège; dans la chambre vide, la Lune illuminait seulement la branche de pin.
Finalement, il se décida à aller voir de plus près, mais il ne trouva rien... aucun argent, seulement la branche de pin. Il pensa alors que ce moine possédait un pouvoir magique lui permettant de se changer en pin. « Ce pouvoir est bien plus important que l'argent, se dit-il, car il permet d'échapper à tout poursuivant, au voleur comme à la garde! Il me faut connaître ce pouvoir! » Et, de grand matin, il se rendit de nouveau dans la cabane, et trouva le moine au centre de la pièce... la branche de pin avait disparu!
« Où étiez-vous donc la nuit dernière? demanda le voleur.

– Mais j'étais ici, je pratiquais zazen, et je ne possède aucun pouvoir magique! » répondit-il. Le voleur lui demanda de lui montrer comment pratiquer zazen, et le moine lui enseigna la posture.

belle soirée

□

Baso et ses trois disciples, Hyakujo, Nansen et Chizu, contemplaient la Lune ensemble en automne.
Baso dit :
« Cette nuit est idéale pour faire une cérémonie bouddhiste. » Hyakujo dit : « Cette nuit est parfaite pour faire zazen. » Nansen ne répondit rien. Il ne faisait que regarder la Lune. Baso dit alors : « Le sutra a déjà pénétré dans l'entrepôt de la sagesse[1] ».
« Puis il est revenu à l'Océan, à l'universel. »

1. Le *Chi,* du nom de Chizo, signifie « entrepôt de la sagesse ».

la balle roule

□

Seppo Gisen eut un entretien intéressant avec son disciple Gessha : le mondo de la balle.
Alors que le vieil homme jouait à la balle, Gessha demanda au maître :
« Pourquoi la balle roule-t-elle? »
Seppo répondit :
« La balle est libre. Elle est la vraie liberté.
– Pourquoi?
– Parce qu'elle est ronde. Elle peut rouler partout, dans n'importe quelle direction, librement. »
Inconsciemment, naturellement, automatiquement.

ni jeune, ni vieux

□

En Chine, un grand maître, Baso, répétait tout le temps pendant ses conférences :
« Soku shin soku butsu. » (« L'esprit lui-même est bouddha. ») Et toujours, ses explications se fondaient sur cet enseignement. Mais un jour, maître Baso changea de phrase et dit alors :
« Hi shin hi butsu. » (« Au-delà de l'esprit, au-delà du bouddha. ») Un des grands disciples de Baso vivait dans un dojo situé dans la montagne et séparé de celui de son maître.
Quelques disciples lui rendirent visite et lui dirent :
« Notre maître a changé, il dit : “ Hi shin hi butsu. ” »
Mais ce disciple continua la sentence ancienne :
« Soku shin soku butsu. »
Aussi les autres lui lancèrent : « Tu es vieux, et tu ne peux comprendre le changement de notre maître. Tu dois suivre ce qu'il dit : “ Au-delà de l'esprit, au-delà du bouddha. ” »
Il leur répondit : « Pourquoi changer? L'esprit est lui-même bouddha. Je ne changerai pas. »
Les disciples retournèrent au dojo de Baso et lui rapportèrent la discussion. Après les avoir écoutés, le maître dit :
« Le fruit de la palme est mûr.
Il est désormais possible de le manger.
Maintenant, mon disciple n'est ni jeune, ni vieux.
Il a réussi! »

la pêche et le poirier

□

La condition d'un pêcheur malheureux s'aggravait chaque jour, car sa pêche ne cessait depuis des mois d'être très mauvaise.
Un soir d'hiver, un moine frappa à sa porte et lui demanda l'hospitalité. Le pêcheur aussitôt lui offrit de partager sa modeste demeure. Il lui donna son lit et sa seule couverture. Il alla couper des branches de pin et fit du feu (selon certaines versions, il brûla ses getas, ou sandales de bois). N'ayant pas de quoi manger, il alla emprunter chez le voisin et fit cuire du riz, qu'il donna au vieux moine. Le lendemain, il vint le saluer pour lui dire adieu. Le jour avançait et il devait retourner à sa barque comme il le faisait chaque jour, inlassablement. Il s'apprêtait à laisser le vieux moine, mais ce dernier lui dit : « Je viens avec vous; et prenez cette saumure que vous avez là! » Arrivés au bord du lac, le moine prit la saumure et la jeta dans l'eau, puis il dit au pêcheur :
« Prenez votre barque et allez pêcher, puis revenez me voir. » Il revint... avec de grands paniers pleins de poissons. Et il ne se passa pas un matin sans que, s'en allant pêcher à l'endroit où le moine avait jeté la saumure, il ne revînt avec les paniers remplis. C'est une bonne histoire.
En voici une autre, qui exprime l'inverse de la précédente. Un moine en voyage avait très soif. Il trouva un poirier et alla demander à la vieille fermière l'autorisation de prendre un fruit. Elle

refusa sèchement. Le moine n'insista pas et passa son chemin.
Mais l'histoire raconte que la vieille n'obtint plus une poire de son poirier qui était devenu aussi dur que la pierre. Dans ce village, de nos jours encore, on peut voir ce poirier desséché.

avec quel esprit allez-vous manger?

□

Tokusan, l'érudit fameux du Kongo Kyo, entendit parler un jour d'un maître que tout le monde tenait pour très grand : Maître Ryutan (littéralement : « le Lac du dragon »). Se croyant imbattable sur sa connaissance du Kongo Kyo et, pour cette raison, se prenant pour quelqu'un de très grande valeur, le désir le prit de rencontrer ce maître qu'on estimait plus que lui, et de le confronter.

En arrivant à la porte du temple, Tokusan aperçut une petite échoppe tenue par une vieille femme. Elle y vendait des gâteaux de riz. Ryutan en demanda trois. Son air fanfaron éveilla la curiosité de la vieille femme :

« Que portez-vous sur votre épaule? » demande-t-elle.

« C'est un texte hautement précieux et d'une telle profondeur que je ne peux vous en parler. C'est le Kongo Kyo. Mais cela ne signifie rien pour vous, donnez-moi donc mes gâteaux de riz! »

« Je suis ignorante, il est vrai, mais curieuse, dit la vieille femme. Je veux vous poser une question, et je vous donnerai mes gâteaux de riz à la seule condition que vous répondiez. N'est-ce pas dans ce précieux et profond texte qu'il est écrit que l'esprit du passé est insaisissable, insaisissable l'esprit du présent, insaisissable également l'esprit du futur? Alors, dites-moi avec

quel esprit allez-vous manger mes gâteaux de riz? Quel esprit choisir?... l'esprit du passé, celui du présent ou celui du futur? »
Tokusan resta stupéfait... Il ne put obtenir ses gâteaux de riz qui étaient demeurés insaisissables. Fort perplexe, il pensa que Ryutan devait être un grand maître pour qu'une petite vieille, simple gardienne du temple, pût avoir l'esprit aussi habile Il franchit aussitôt le grand portail du temple et alla voir Ryutan. Il fut accueilli simplement; son lit fait et sa tâche définie, il lui fut demandé de se retirer jusqu'au lendemain.

Chaque jour, Tokusan, avec application, balayait la cour du temple, ratissait le jardin, nettoyait les salles du temple, et les jours s'écoulaient ainsi. « Je suis venu ici parce que j'ai entendu dire que Ryutan est le grand dragon du lac; mais dans ce lac je ne vois guère de dragon! » s'écria-t-il un jour, exaspéré et las. Maître Ryutan accepta le mondo. Il se prolongea jusqu'à une heure fort avancée de la nuit. Fatigué, maître Ryutan lui donna congé. Passé le seuil, l'obscurité était totale. Aussi maître Ryutan alla chercher une lanterne. Mais à l'instant précis où il la tendit à Tokusan, il en souffla la flamme. L'obscurité se fit de nouveau, plus épaisse qu'auparavant. Dans l'instant Tokusan obtint le grand satori. Comment obtint-il le satori? C'est le Koan.

sors! entre! ou la sévérité de maître Kiss

□

Il était une fois, dans la Chine ancienne, un très grand maître zen nommé Kiss. Son enseignement était d'une très grande sévérité et d'une grande dureté.
Un dénommé Hun, accompagné de quelques amis, vint un jour le voir. Maître Kiss ne leur accorda pas tout de suite la permission d'entrer dans le dojo. Pendant un mois ils firent zazen sur les estrades extérieures. Maître Kiss, un jour, prit un seau d'eau froide et avec une louche leur en versa sur la tête.
Mécontents, ils décidèrent de fuir, pensant que ce maître était complètement stupide.
Seul Hun resta.
« Je suis venu de loin; j'ai parcouru plus de trois mille li, pour chercher la Voie. Comment pourrais-je partir pour une coupe d'eau froide? »
Maître Kiss lui répondit :
« Tu es un drôle de type! Tu es venu ici pour chercher la Voie, quelle merveille! Il n'est pas courant de rencontrer des personnes comme toi venant chercher la Voie. Je te croyais vagabond, mais tu te montres bien courageux! »
Hun resta au temple, où il occupa par la suite la fonction de tenzo, de cuisinier.
Mais la plupart des moines paraissaient fatigués et sous-alimentés, car Maître Kiss les traitait fort

sévèrement, tout particulièrement ses « unsui ». La nourriture était très frugale.
Mais « Hun le Tenzo » pensait que, durant les sesshins, il était pourtant essentiel de dispenser une bonne nourriture. Et, pendant une absence du maître, il prit dans sa chambre les clés de la réserve, d'où il sortit toutes sortes de nouilles qu'il prépara pour tous.
Maître Kiss arriva au moment du repas et, voyant le spectacle, il entra dans une furieuse colère.
« D'où tenez-vous toute cette nourriture? » hurla-t-il; immédiatement, il fit appeler le tenzo dans sa chambre : « Qui t'a donné ça? »
Hun répondit : « Pardon, Maître. Pendant votre absence, j'ai pris la clé de la réserve et emporté ces provisions que j'ai préparées pour tous les disciples. »
Maître Kiss lui cria alors :
« Tu n'es qu'un voleur! Sors d'ici! Dehors! Et que je ne te revoie plus!!! »
Hun sortit, mais il passait ses journées à errer autour du temple. Devenu mendiant, il demandait et redemandait sans cesse la permission de retourner au temple.
« Je vous en prie, Maître,
Permettez-moi de revenir! »
Maître Kiss n'ouvrait toujours pas la porte!
Alors Hun se mit en zazen dans le jardin du temple. Maître Kiss vint le trouver et lui dit :
« Tu ne peux faire zazen ici! C'est le jardin du temple. Tu me l'as emprunté et tu dois me payer cher! »
Et Hun, de nouveau, se mit à mendier et remit tout son argent à Maître Kiss...
Il était épuisé. Alors Maître Kiss, longuement et profondément, le regarda. Il lui dit :

« Là, maintenant, tu cherches vraiment la Voie. Entre! » Maître Kiss lui donna le shiho et Hun devint par la suite le godo[1] du dojo. Hun avait compris le secret du soto zen. Il avait compris la contradiction apparente de l'enseignement du maître.

1. Dirigeant.

le fils mendiant

□

Il était une fois un fils de riche propriétaire qui était devenu mendiant; de longues années durant, il n'avait cessé d'errer. Séparer depuis longtemps de sa famille, il avait oublié le visage de ses parents... et leur demeure.
Mais un jour, les circonstances firent qu'il se trouva en face de cette splendide demeure. Considérant chaque élément de la maison, fenêtres, rideaux, portes comme des trésors..., il se sentit révolté et, pris de peur, il se prépara à fuir de nouveau. Mais son père l'avait reconnu et, pour le faire revenir, il dut utiliser un stratagème, car son fils rebelle aurait refusé de le voir. Il envoya un de ses domestiques, sûr et fidèle, suivre son fils.
Vêtu d'une robe usagée et sale, le domestique, devenu mendiant, entra dans le groupe auquel appartenait le fils, partageant leur pauvre vie et leur mauvaise nourriture. Peu à peu, la confiance s'établit entre eux, et des liens d'amitié finirent par les unir profondément. Le domestique, doucement, s'instaurait en guide, et, dans tout ce qu'il faisait, le fils l'imitait.
Quelque temps après, le domestique entra au service de son ancien maître, et le fils l'y suivit. Engagé d'abord comme valet, il lui fut ordonné d'être assistant de cuisine et de s'occuper des basses besognes.
Puis il lui fut permis de changer de vêtements et d'entrer au service de la chambre familiale. Avec

le temps, l'esprit du fils se transformait et s'adaptait à la richesse.
Un jour enfin, son père, le sentant mûr, le fit appeler, et lui dit : « Tu es mon fils. Tu dois accepter mes biens. »
Le fils ne pouvait le croire, mais le legs paternel lui en fournit la preuve.
Qu'est-ce que cela signifie?
C'est le shiho, la transmission du maître au disciple.

la pierre précieuse

□

Le sutra du Lotus relate cette histoire :
Deux amis se retrouvèrent après une longue absence. L'un était riche, l'autre, clochard. Ensemble, ils burent le saké des retrouvailles. Le clochard, un peu saoul, s'endormit dans la pièce, et l'ami, plein de compassion, avant de partir, glissa dans sa poche un très gros diamant. « Si mon pauvre ami a des difficultés, il pourra en le vendant en tirer une bonne somme », pensa-t-il.
Mais en se réveillant, le clochard ne trouva pas le trésor. Il continua sa vie de pauvre.
Un an après, les circonstances les firent se rencontrer de nouveau.
« Comment donc? Pourquoi es-tu aussi pauvre?
– Oh! je suis incapable de gagner de l'argent.
-- Quel imbécile tu es, lui dit son ami, n'as-tu pas trouvé le trésor que j'avais déposé dans ta poche? »
Aussi Keisan a-t-il écrit :
« Si je vous donne une pierre précieuse, rendez-la-moi vite. Si vous ne le faites pas maintenant... quand le pourrez-vous? Ici et maintenant, il vous faut trouver la nature de bouddha. » Certains disent toujours : « Après... après... » Finalement, ils entrent dans le cercueil et répètent : « Après... après... »

histoire de shiho : la moelle

□

Un jour qu'il avait fini de prêcher, Bouddha Shakyamuni laissa son regard errer sur l'assistance, et sourit : il tenait une fleur de lotus entre ses doigts et la fit doucement tourner. Seul Mahakaçyapa sourit... Sans parole, d'esprit à esprit, il avait compris.
Bouddha lui dit alors :
« Le Shobogenzo, le merveilleux esprit du nirvâna, je le transmets à Mahakaçyapa. »
Les autres disciples furent très surpris. Pourquoi?
Entre Bodhidharma et Eka, la transmission se fit également d'une manière curieuse.
Après une longue discussion avec Eka, Bodhidharma se replongea dans un silence glacial. Eka se prosterna dans un esprit d'abandon absolu. Il se releva et Bodhidharma lui dit :
« Ici et maintenant, tu as obtenu la moelle de mes os. »
Maître Umon avait pris l'habitude simple de rouer de coups de kyosaku [1] le disciple qui venait lui poser une question : trente coups de kyosaku le matin, trente coups de bâton le soir. Il donna sa transmission de la même façon.

1. Bâton d'éveil, traditionnel. Le disciple qui ne se sent pas à l'aise dans sa posture de zazen peut demander de le recevoir sur les épaules, sur un important nœud de meridiens d'acuponcture.

les deux esprits de Senjo

□

Une famille de la Chine du XIe siècle avait une fille unique, ravissante, Senjo. Son père, Chyo-Kan, avait un jour dit à son neveu Wanchu, devant l'entente parfaite qui unissait les deux adolescents depuis la plus petite enfance, que, l'âge venu, il pourrait se marier avec sa fille. Mais le gouverneur de la province aperçut la beauté étonnante qui se cachait en ce village et demanda sa main au père qui, plein de fierté, oublia sa promesse d'un jour.
Les deux amoureux, abattus de tristesse, ne savaient que faire. Et Wanchu, dévoré par le chagrin, décida de s'éloigner de ce lieu de malheur. Un soir, il prit son bateau de pêche et se laissa dériver le long du courant du fleuve vers ailleurs. Vers minuit, à la clarté de la pleine lune, il voit sur la berge courir une ombre. Un fantôme? Non, l'ombre l'appelle, il reconnaît une voix, s'approche : c'était elle, Senjo.
« Je veux te suivre », dit-elle.
Ils s'installèrent dans une ville en aval. Cinq ans passèrent, la jeune femme donne naissance à deux enfants, Wanchu, habile de ses mains, trouve sans peine du travail. Mais un jour, elle lui dit :
« Mes pauvres parents doivent se faire bien du souci à mon égard. Le temps a passé. Allons leur rendre visite. »
Ainsi fut fait. Arrivés au village, Wanchu se rend d'abord seul à la maison familiale pour éviter

une surprise totale. A sa grande surprise, les parents le reçurent avec des cris de joie et lui dirent : « Depuis que vous êtes parti, notre fille n'a pas quitté son lit, inconsciente, muette, immobile. Vous allez la sauver. » Mais Wanchu, n'y comprenant rien, leur dit : « Mais non, votre fille est là-bas dehors avec les deux enfants nés de notre union. » Ils vont tous dans la chambre : la jeune femme au teint pâle s'éveille et sourit. Wanchu, éberlué, se rue dehors chercher Senjo. A son retour, ils trouvent les parents avec leur fille sur le seuil : on dirait deux jumelles qui se font face et... brutalement disparaissent l'une dans l'autre pour ne faire plus qu'une personne : la femme de Wanchu, la fille de Chyo-Kan.
Le père dit alors : « Seul l'esprit de ma fille vous a suivi, vous avez été accompagné d'un fantôme. » Senjo : « Non, le fantôme gisait ici. Je me suis enfuie pour le rejoindre et mes deux enfants témoignent de la vérité de mon corps. »
Qui dit la vérité?
Le fameux conte rapporté dans le *Mumonkan* est devenu un célèbre koan : dans notre vie quotidienne nous sommes souvent en état de double personnalité, celle qui rêve et celle qui est réellement.
Quel est le vrai « Moi »?
Existe-t-il un esprit et un corps séparés?
Le ciel et la terre ont la même racine et sont un même corps, sans limites, infini, éternel dans toutes les existences.

koan du plus ancien

□

Maître Dogen, dans le *Shobogenzo,* a écrit ce qui suit :
« Vouloir être le premier dans la vie, être en compétition avec les autres s'avère totalement inefficace; se différencier du groupe, de la multitude est extérieur à la loi, à l'ordre de la Loi, de l'Ordre. »
Mon maître Kodo Sawaki fut très surpris en lisant cette phrase car il avait eu la pensée de devenir un grand moine. Il avait en lui l'esprit de compétition.
Évidemment, il ne faut pas tomber dans la faiblesse. Tout en suivant les autres, il faut faire des efforts, et en fin de compte, occuper une position prééminente n'est pas si important.
Pourquoi vouloir repousser les autres pour être le premier dans les problèmes d'argent, d'honneur, dans le domaine spirituel? Dans les temps anciens, un éléphant, un singe et un pigeon tenaient un congrès dans une forêt :
« Nous devons vivre en paix ensemble, unis intimement selon les ordres du plus ancien. Quel est le plus ancien, le plus vieux parmi nous? »
L'éléphant dit : « Lorsque, je suis arrivé dans cette forêt, les arbres avaient la taille et l'épaisseur de ma queue. »
Le singe répondit : « Lorsque je suis arrivé ici, les arbres avaient la petite taille de ma queue. Ils étaient très courts. »
Le pigeon continua : « Lorsque, je suis arrivé ici,

en volant, tout était minuscule comme ma queue... »
Alors, le singe grimpe sur le dos de l'éléphant, et le pigeon s'installe sur la tête du singe, et tous ensemble, ils se mirent à chanter :
« Nous devons respecter le plus ancien. Nous devons vivre dans cette forêt selon l'ordre de l'aîné. Ainsi est la source de la paix dans le monde. »

le fils dans le lit

□

Une histoire chinoise ancienne raconte que dans un grand temple vivait une très belle nonne. Elle était très paisible et d'une morale irréprochable; y vivait aussi une autre nonne mais d'une moralité plus légère : parfois elle allait voir les moines, seule. La belle nonne était vraiment chaste.
Un jour, la jeune nonne lui demanda :
« Vous êtes belle, la plus belle de la communauté de ce temple et jeune encore; pourquoi êtes-vous devenue nonne? Pourquoi ne vous êtes-vous pas mariée?
– J'ai été mariée, répondit-elle. Je vais vous conter mon histoire : nous nous aimions profondément, mon mari surtout m'aimait. Un enfant est né de notre amour, mais son père est mort rapidement après. Aussi ai-je aimé d'autant plus mon enfant, et l'ai entouré de ma profonde affection. Quand il fut âgé de 17 ans, beaucoup de jeunes filles étaient amoureuses de lui mais il les refusait toutes. Sa santé s'affaiblissait; peu à peu, il tomba malade. Il fut très amaigri. Aucun médecin ne pouvait trouver l'origine de sa maladie. Je devins de plus en plus anxieuse, et pensais que l'origine devait tenir à des problèmes d'ordre moral; son esprit était sûrement tourmenté. J'ai alors demandé à son ami intime s'il lui avait fait quelque confidence; celui-ci me dit : " Votre fils m'a confié un jour qu'il vous aimait par-dessus tout

et que son désir le plus cher était de pouvoir vous aimer profondément une nuit. »
Je fus très surprise de cette réponse, mais n'en souffris pas vraiment. Je décidais alors de dormir avec mon enfant, car pour moi seule sa vie comptait et je pensais que ce serait le moyen de le guérir. Je le croyais sincèrement. Je donnai alors l'autorisation à mon fils de venir dans mon lit quand il le voudrait. C'est ainsi que la nuit suivante, mon fils, à qui je n'avais pas vu depuis longtemps une expression heureuse, vint dans ma chambre à coucher et s'approcha du lit; au moment où il voulut entrer et m'embrasser, de grandes secousses ébranlèrent la maison dont une partie s'écroula; une profonde crevasse s'ouvrit à côté du lit. Mon fils y tomba. Je voulus le retenir, mais seuls ses cheveux me restèrent dans la main, et il disparut. Je ne sais pas par quel miracle mon lit et moi-même furent épargnés. » Elle montra alors les cheveux de son fils à la jeune nonne. « Je les ai toujours avec moi, dans ma ceinture.
Ainsi suis-je devenue nonne; auparavant je ne me souciais guère de la morale, mais maintenant, je me demande toujours de quelle façon je peux résoudre mon karma. »
C'est un koan. Comment résoudre son karma?

la vieille dame, le moine et la jeune fille

□

Il y avait une vieille dame qui hébergeait un jeune moine, un très beau moine aux traits fins. Il vivait en ermite et s'abîmait jour et nuit dans la pratique de zazen, dans un beau petit ermitage qu'elle lui avait fait construire dans un coin de son jardin. Il y demeura plusieurs mois, plusieurs années. Un jour, arriva chez la vieille dame une très belle jeune fille. La vieille dame lui dit alors :
« Va voir l'ermite; il fait sûrement zazen en ce moment. Va et embrasse-le. »
En le voyant, la jeune fille lui dit :
« Bel ermite, je vous aime; arrêtez votre méditation et faites l'amour avec moi. »
Alors le moine répondit :
« Je suis pareil à l'arbre sec, au rocher froid. Même si tu m'embrasses, je ne ressentirai absolument rien à ton égard. »
La jeune fille retourna alors auprès de la vieille dame qui s'empressa de demander ce qui s'était passé. La jeune fille lui raconta l'entrevue.
« Comment ai-je pu perdre des années à protéger ce moine stupide! » s'écria la vieille femme furieuse et, sur le champ, elle s'en alla brûler l'ermitage... Koan...
Comment aurait dû réagir ce moine?

zazen sur le pin parasol

□

En Chine, il y avait un moine Zen, appelé Maître Dori. Il faisait zazen perché sur un pin parasol et on le surnommait Maître Nid d'Oiseau. Un très célèbre poète, Sakuraten, lui rendit visite, et lorsqu'il le vit faire zazen, il lui dit :
« Faites attention, c'est dangereux, vous pourriez tomber du pin. »
– Pas du tout, répondit Maître Dori. C'est vous qui êtes en danger. Ici et maintenant, je fais zazen, mon esprit est complètement fixé. Vous, vous ne faites pas du tout zazen, et êtes toujours plein de passions. Vous écrivez des poèmes et votre esprit est sans cesse en mouvement, sensible, anxieux, tourmenté. »
Sakuraten réfléchit.
« Oui, je suis toujours en proie à des passions, c'est comme jouer avec la foudre »; et il demanda au maître zen :
« Quelle est la véritable essence du Bouddhisme? »
Maître Dori répondit :
« Ne faites pas le mal, pratiquez seulement le bien. Pratiquer le bien est très simple. C'est l'essence du bouddhisme. »
Le poète sourit. Tout le monde peut comprendre cela. Même un bébé.

une clochette, un fantôme, la grosse cloche

□

Jadis, un moine « unsui » passait ses journées sur les routes, et faisait tinter sa clochette : « chirin, chirin, chirin ».
Un soir qu'il cherche un endroit où dormir, tout le monde refuse l'hospitalité à ce moine mendiant.
Jusqu'à la dernière maison du village, il va patiemment frapper.
Là on lui indique un temple pas trop éloigné mais abandonné, car tous ceux qui ont voulu y dormir ont été délogés par un affreux monstre.
Le moine se décide à y aller. Il dit au paysan qui l'a renseigné : « Si vous entendez le son de la grosse cloche, venez voir ce qui se passe. » Et il va au temple agitant tristement sa clochette.
Il entre dans la première pièce et se roule en boule pour dormir sur le tatami puant le moisi.
Après zazen et un sutra, il s'endort.
A minuit, il y a un vacarme infernal auprès de lui. Un gros corps en boule près du moine agite pieds et mains!
Brusquement le moine crie d'une voix basse et forte : « Qu'est-ce que c'est que ça? »
On répond : « Moi! je suis le pot à thé du temple. Et toi, qui es-tu? » Le moine se présente : « Je suis un moine. »

Alors soudain tous les objets autour de lui valsent.
Le pot répète : « Moi, je suis le pot à thé du temple. Et toi qui es-tu? »
Le moine répète : « Je suis un moine. »
Et alors les deux s'empoignent et luttent. La lutte dure. Le coq chante enfin, et le démon desserre son étreinte et s'enfuit. Il se réfugie sous l'autel.
Le moine se croise les bras et dit : « Bien! j'ai compris », et il sonne le konsho, « gong, gong, gong, gong... » Les villageois, surpris, surviennent.
Le moine leur montre le pot : « Ce n'était que ça! »
On essaye de le déterrer, c'est très difficile. On l'encorde, on crie : « Yoiyakora » (ho-hisse!), les tireurs tombent sur les fesses quand le pot se détache, se casse, répandant une grande quantité de pièces d'or sur le sol. Le moine mendiant devint le supérieur de ce temple.

histoire de générosité : fil d'argent, fil d'araignée

□

« Le bouddha, un jour, se promenait dans les Cieux, sur les bords du lac de la Fleur de Lotus. Dans les profondeurs de ce lac, Bouddha pouvait apercevoir le Naraka[1]. Il y vit ce jour-là un homme du nom de Kantaka qui, mort quelques jours auparavant, se débattait et souffrait dans cet enfer. Shakyamuni Bouddha, empli de compassion, voulait secourir tous ceux qui, bien qu'ayant sombré en enfer, avaient cependant fait une bonne action dans leur vie.

Kantaka avait été voleur et avait mené une vie de débauché. Ainsi se retrouvait-il en Naraka.

Une fois cependant, il avait agi généreusement : en se promenant un jour, il avait vu une grosse araignée, et avait eu l'envie de l'écraser; mais il s'était arrêté dans son geste, pensant subitement qu'il pouvait l'aider; il la laissa en vie et passa son chemin.

Shakyamuni Bouddha vit dans cette action généreuse un bon esprit, et eut alors envie de l'aider. Aussi fit-il descendre dans les profondeurs du lac un long fil d'araignée qui parvint aux enfers jusqu'à Kantaka.

Kantaka regarda cette chose nouvelle, et constata que c'était une corde en argent très forte. Mais

1. Les enfers.

il ne voulut pas le croire et il se dit que certainement, c'était un fil d'araignée qui pendait, que ce serait probablement très difficile de grimper à ce fil ténu, mais qu'il tenterait le tout pour le tout, désirant ardemment sortir de ce Naraka. Il saisit alors le fil, tout en pensant que l'escalade serait très dangereuse car le fil pouvait casser d'un moment à l'autre; mais il grimpa... grimpa... s'aidant des pieds et des mains, et faisant de grands efforts pour ne pas glisser.
L'escalade était longue. Arrivé à mi-hauteur, il voulut regarder vers le bas les enfers qui étaient sûrement très loin. Vers le haut, il voyait la lumière et ne désirait plus qu'y accéder.
En se penchant vers le bas pour regarder une dernière fois, il vit une foule de gens qui grimpaient à sa suite dans une succession ininterrompue depuis les grandes profondeurs des enfers. Kantaka alors paniqua : cette corde était tout juste assez solide pour lui; pour ces centaines de personnes qui s'y agrippaient, elle allait sûrement céder, et tous avec lui se retrouveraient de nouveau en enfer! Quelle malchance! Quel dépit! « Ceux-là n'avaient donc qu'à rester en enfer! Pourquoi faut-il donc qu'ils me suivent! » maugréait-il contre eux.
A ce moment précis, le fil céda très exactement à la hauteur des mains de Kantaka, et tous sombrèrent dans les profondeurs ténébreuses du lac. Au même moment, le soleil de midi resplendissait sur le lac au bord duquel le bouddha se promenait. »
C'est un koan.

la vie, la mort...

□

Durant une conversation, le roi Milinda demanda au bodhisattva Nagasena :
« Qu'est-ce que le samsara[1]? »
Nagasena répondit :
« Ô! Grand Roi, ici l'on naît et l'on meurt, là on meurt et on naît, puis à nouveau on naît et à nouveau on meurt, on naît, on meurt...
Ô! Grand Roi, cela est samsara. »
Le roi dit :
« Je ne puis comprendre, je vous en prie, expliquez plus clairement. »
Nagasena répliqua :
« C'est pareil à la graine de mangue que l'on plante pour en manger le fruit. Quand le grand arbre a poussé et donné ses fruits, les gens mangent les fruits, puis plantent les graines. Et de ces graines pousse un grand manguier, qui donne des fruits. Ainsi ce manguier ne peut avoir de fin. C'est ainsi, Grand Roi, que l'on naît ici, que l'on meurt là, que l'on naît, meurt, naît, meurt. Grand Roi, cela est samsara. »
Dans un autre sutra, le roi Milinda demande encore :
« Qu'est-ce qui renaît dans le monde suivant? »
(Après la mort.)
Nagasena répond :
« Après la mort, le nom, l'esprit, et le corps naissent. »

1. Dans la transmigration, la répétition perpétuelle des naissances et des morts.

Le roi demande :
« Est-ce le même nom, le même esprit et le même corps qui naissent après la mort? »
« Ce n'est pas le même nom, le même esprit et le même corps qui naissent après la mort. Ce nom, cet esprit et ce corps créent l'action. Par cette action, ou karma, un autre nom, un autre esprit et un autre corps naissent. »
Ainsi, par ce sutra, on peut comprendre le samsara.

passe, le trésor

□

Voici une histoire, telle qu'on la raconte pour illustrer le précepte : « Ne pas tuer. »

« Il était un jeune pêcheur qui, lorsqu'il n'était pas en mer pour accomplir son dur labeur, aimait à se promener sur les rivages qui longeaient le petit village où il vivait.

« Un jour comme bien d'autres où ses pas l'avaient conduit sur la plage, il fut soudain tiré de sa rêverie par des cris et des rires de jeunes enfants assemblés un peu plus loin, et qui semblaient fort affairés. Taru Hurashima (c'était son nom) s'approcha et constata que la raison de cette agitation tenait à la capture d'une petite tortue qu'ils prenaient plaisir à maltraiter.

« Hurashima proposa un échange aux enfants : leur donner quelques pièces, moyennant quoi les enfants lui remettraient la tortue. Ainsi fut fait. Hurashima acheta donc la tortue, la cajola, lui fit boire du saké (car il paraît que les tortues aiment bien le saké) et lui rendit sa liberté. Elle eut tôt fait de courir jusqu'à la mer et d'y disparaître... Les jours et les mois passèrent...

« Il s'était peut-être écoulé une année depuis cet événement quand une grosse tortue s'approcha rapidement du bateau d'où pêchait Hurashima. Elle s'arrêta tout près et s'adressa à lui :

" Bonjour, jeune pêcheur, ne vous souvenez-vous pas de moi? Il y a bien longtemps, vous m'avez secourue des mains de jeunes garçons méchants qui me torturaient. Maintenant, je veux vous témoigner ma gratitude et vous allez être récompensé. Montez sur ma carapace, je vais vous conduire dans un pays merveilleux comme vous ne pouvez en rêver. Venez donc! Je vais vous guider! »

« Taru Hurashima, qui n'en croyait pas ses oreilles, s'cxécuta et chevauchant la tortue, il fila vers le lointain horizon. Ce ne devait pas être un voyage très long, mais toute notion de durée avait disparu dans l'esprit de Hurashima, et la traversée passa comme un rêve; aussi inopinément qu'il avait quitté son bateau, il se trouva soudain devant un palais de magnificences, devant le palais du Roi des dragons.

« L'éclat du luxe était à peine soutenable au regard même du plus averti.

« Des êtres féeriques le peuplaient, mi-femmes, mi-anges, plus splendides que tous les trésors de la terre réunis... La Reine apparut, insurpassable en beauté; elle s'approcha et l'embrassa d'un baiser plus éthéré que la brise sur l'onde du lac. Il fut conduit dans ses salons rutilants. Des chandelles brûlaient sur une table dressée, couverte de mets succulents; des fruits aux saveurs étranges se mêlaient aux exhalaisons enchanteresses des fleurs. La grâce enivrait les lieux et attirait dans sa roue celui qui s'y était risqué. La soirée se déployait au son de douces mélodies qui transportaient les âmes sur les berges de la tendresse; ou bien, c'étaient des chansons joyeuses rythmées au pas des danseuses qui évoluaient pareilles aux elfes émergeant des forêts.

« La soirée – mais s'agissait-il bien de soirées, d'aubes ou de crépuscules, de jours levants ou de nuits tombantes...? Personne n'aurait pu répondre et la question aurait été saugrenue, car le temps en ces lieux était chose inconnue, ou du moins n'avait plus aucun rapport avec ce que Taru Hurashima en savait... point de nuit, point de jour, point de saison, point d'année... S'était-il écoulé des années, ou s'était-il passé un instant? – la soirée donc, appelons-la ainsi, était fort avancée, et Hurashima s'enfonçait de plus en plus dans ces réflexions à donner le vertige : rien ne semblait ternir, rien ne semblait faner, ni les êtres, ni les fleurs, ni les fruits, ni la lumière, rien... rien qui fût marqué par l'empreinte du temps. Était-ce un rêve, un mirage, une vision? Pourtant non, il vivait, se nourrissait et respirait; il se pinça et en ressentit une douleur; il était bien réel, et les objets qui l'entouraient aussi.

« Où était-il? Que vivait-il? Soudain la nostalgie, une nostalgie forte et oppressante le saisit dans tout son corps; des images se formaient, peu à peu se clarifiaient, et des souvenirs naissaient des souvenirs lointains... une plage, un village de pêcheurs, des êtres qui riaient et qui s'ébattaient, ses frères, ses amis; le lourd filet de poissons qu'il avait coutume de tirer avec tant de peine, mais qui le remplissait tellement de joie; au fil des images qui défilaient, s'emmêlaient et soudain s'éclairaient, Hurashima peu à peu redevenait pêcheur.

« L'envie le saisit de retourner dans son village natal. Il fit part de son désir à la Reine; celle-ci s'en attrista, mais ses plaintes ne purent rien contre la détermination de Hurashima.

" C'est fort regrettable, dit-elle, vous voulez nous quitter, et je ne peux rien contre votre décision. Cependant, je vous prie, acceptez le présent que je vais vous remettre. Voyez ce coffret; outre qu'il est fait d'or et de pierres précieuses, il renferme un trésor. Mais souvenez-vous-en bien, vous ne devez jamais l'ouvrir. Tant que vous serez en possession de cette boîte, vous pourrez être heureux, à jamais, et tout vous sera possible par son pouvoir. Quand vous voudrez revenir ici, vous le pourrez. Vous pourrez tout faire, mais surtout ne l'ouvrez jamais. »

« Hurashima prit le coffret et s'en fut; en passant la porte du palais des dragons, il vit la tortue qui l'attendait.

“ Avez-vous aimé votre séjour? ” lui demanda-t-elle.

“ Bien sûr! J'en avais même oublié mon lieu natal. Mais combien de temps suis-je resté? ”

“ Très longtemps, répondit la tortue; moi-même, je suis bien vieille maintenant. ”

« Quelques instants plus tard, il était de retour dans son village. Mais quel étrange spectacle! Il fit un tour sur lui-même et constata que plus rien n'existait de ce qu'il avait laissé. Tout avait changé. Il rentra dans ce qui avait été la maison de ses parents, et se heurta à des étrangers. Les parents, les amis, les frères, les sœurs avaient disparu depuis bien longtemps.

“ Quel étrange individu est-il donc, pensaient les villageois. Voilà un jeune homme qui cherche des parents si vieux que seuls nos grands-parents auraient pu les connaître; qui cherche des frères et des sœurs de l'âge de nos grands-pères, et des amis qui étaient des amis de nos grands-parents! ”

« Ils pensèrent qu'il était un peu simplet, mais le prirent cependant en amitié.

« Pourtant la chaleur de leur accueil ne pouvait combler la solitude de Hurashima qui se sentait de plus en plus mélancolique. Il se souvint alors du petit coffret que lui avait confié la Reine du palais des dragons, et son cœur s'éclaira de nouveau; empli d'une joie soudaine, il en oublia les paroles d'interdiction. Il s'empressa d'ouvrir la boîte, imaginant un trésor fabuleux. Quelle erreur! Les années... et les années passèrent sur lui en un instant. En un instant, il devint un vieillard centenaire. En un instant, les marques de toute une vie étaient passées sur lui... Le coffret était vide, totalement vide. Un simple filet de fumée s'en échappait encore. »

la source, la racine

□

Maître Kodo Sawaki racontait souvent cette histoire :

« Autrefois, au Japon, vivait une très belle nonne du nom de Ryonen, réputée pour son esprit profond. Elle pratiquait beaucoup zazen. Un moine tomba amoureux d'elle et s'introduisit une nuit dans sa chambre.

« Ryonen ne s'affola pas et accepta de coucher avec lui mais " demain ", lui dit-elle, " aujourd'hui, ce n'est pas possible. "

Le lendemain, au temple, se tenait une grande cérémonie qui célébrait le jour de l'illumination du bouddha et il y avait foule. Ryonen entra dans la salle comble, se déshabilla entièrement, et alla vers le moine : " Voilà, je suis prête, si vous voulez m'aimer, vous pouvez ici et maintenant. "

« Le moine s'enfuit et n'y revint plus jamais. La nonne avait coupé les racines... les racines de l'illusion du moine.

« Pour finir, le Maître dit à Ryonen qu'elle était vraiment trop belle et qu'elle faisait tomber dans l'erreur tous les moines. Alors Ryonen prit un couteau et se lacéra le visage. »

Ne pas amasser les feuilles, et ne pas chercher les branches. Cela ne conduit pas sur la voie. Cette voie n'a pas de fin.

Dans le zen, on emploie toujours des mots simples, courts et précis, sans ornement; le Maître n'a pas besoin d'expliquer le sens des mots. Il enseigne la véritable racine, derrière le mot, au-delà du mot.

Dans notre vie aussi, nous devons saisir la racine originelle, la source véritable. Nous devons entrer dans notre cercueil.
Faire zazen, c'est couper les racines de l'illusion.

la jeune fille et son vêtement de lumière

□

Concernant le précepte : « Ne pas voler », voici une histoire merveilleuse, un conte de fées pour enfants, très célèbre dans le théâtre nô.
Le titre en est :
« Le vêtement de plumes merveilleuses. »
Cette histoire se passe au bord de la mer, au pied du mont Fuji, où croissent de belles forêts de pins que longent des plages de sable blanc. Encore maintenant, nous pouvons contempler ces paysages enchanteurs.
« Autrefois, vivait là un pêcheur du nom de Hakyu-Ryu, le Dragon blanc. C'était un pauvre pêcheur qui faisait toujours de mauvaises pêches. Par une belle journée de printemps, en passant par la forêt de pins, il trouva un vêtement accroché à une branche, une merveilleuse robe faite de plumes multicolores.
" Voilà un bien beau vêtement, pensa-t-il, et sûrement précieux. Évidemment, si je le dérobe, ce n'est pas très bien, mais je suis pauvre, et en le vendant demain au marché, je pourrai sûrement en tirer une bonne somme. "
« Le destin ce jour-là lui était décidément bien souriant, car cette nuit-là, il fit un rêve où lui apparut une très belle jeune fille qui lui dit :
" Je suis un ange, je viens des cieux pour visiter ce monde; mais vous avez pris mon vêtement, et

l'avez amené ici; je ne peux retourner au ciel sans ma robe. S'il vous plaît rendez-la-moi! "
« Hakyu-Ryu coupa court :
" Vous faites erreur, si quelqu'un a dérobé votre robe, ce n'est pas moi; cependant le destin vous a conduite jusqu'à ma demeure. Alors, je vous en prie, partagez ma couche avec moi. "
« Il voulut la saisir, l'enlacer, mais au moment où il allait l'embrasser, il se réveilla. Son rêve lui inspira alors de profondes réflexions sur les préceptes.
« Il avait entendu autrefois le prêche d'un maître zen et se souvint de son enseignement.
" En premier, pensa-t-il, j'ai volé des vêtements précieux; ensuite, j'ai menti à cet ange; et enfin, j'aurai voulu dormir avec elle. Si je ne lui rends pas ce vêtement, elle ne pourra pas retourner au ciel et devra mourir sur cette terre. J'ai transgressé bien des préceptes. Pour mon futur, ce sera certainement très mauvais. Je dois retrouver ce bel ange et lui rendre son vêtement. "
« Le lendemain matin, il se rendit sur la plage et trouva la jeune fille pleurant sous un pin. Il s'excusa auprès d'elle, et lui remit son habit, ce qui la remplit aussitôt de joie.
« Le soleil se levait à peine, et annonçait une belle journée. L'ange entama alors une danse céleste sur le chemin qui la conduisait aux cieux.
« A ce spectacle, le pêcheur entre en extase; par la suite, chaque fois que Hakyu-Ryu partait en mer, il faisait toujours de très grosses pêches.
« C'est ainsi que lui et sa famille s'enrichirent, et devinrent une des plus importantes familles de pêcheurs de la contrée. »

mériter, mais quoi?

□

Il s'agit de la rencontre entre Bodhidharma[1] et l'empereur Liang. L'empereur Liang, un jour, s'en alla voir Bodhidharma et lui dit :
« J'ai construit un grand nombre de temples, écrit des sutras, aidé beaucoup de moines, alors quels mérites ai-je obtenus? »
Bodhidharma répondit : « Aucun mérite! »
C'est un koan. Nous ne devons pas attendre de mérite de notre bon karma. Si vous faites de bonnes actions et que vous pensez :
« Je crée sûrement un bon karma et en obtiendrai de bons mérites », vous pensez de façon partielle et égoïste; l'égoïsme n'est jamais un bon karma!
Aussi Bodhidharma dit : « Pas de mérite. »
Sa vue juste avait perçu le mauvais karma de l'empereur.
Certes Liang menait présentement une vie paisible et bienveillante; son passé était heureux, et, s'intéressant au bouddhisme, il voulait le défendre et l'encourager dans son pays.
Cependant, son mauvais karma finit un jour par émerger avec force. En effet, lorsqu'il avait combattu des années auparavant les royaumes du Nord et du Sud, et qu'il était sorti vainqueur en tuant le roi adverse, il s'était épris de la reine, épouse du roi défunt, l'avait capturée et ramenée dans son palais où il l'épousa.

1. Moine indien, 28ᵉ successeur dans la lignée des patriarches en Inde depuis le bouddha Shakyamuni, Eka fut le premier successeur chinois. Il se rendit en Chine vers l'an 520 ap. J.-C. où il devint le fondateur du Ch'an (Zen).

Cette même année, la reine mit au monde un garçon qui devint prince. Bodhidharma, qui avait assisté aux événements belliqueux entre les royaumes du Nord et du Sud, décida sur ces entrefaites de partir pour le Nord, où il s'enfonça loin dans les profondes montagnes septentrionales.
Le jeune prince grandissait, et tout le monde se réjouissait de voir en lui le futur successeur du roi. Il reçut l'éducation propre à son rang, et fut instruit des affaires et de l'histoire de son pays. Cependant, à mesure que les années passaient, il devenait de plus en plus sceptique à l'égard du roi, son père. Un jour, il décida d'avoir la preuve de ce qu'il pressentait sur sa véritable identité et sur sa filiation avec celui que tout le monde disait être son père.
Pour cela, il connaissait un moyen sûr : il savait qu'une goutte de sang tombée sur les os de ses parents s'infiltre rapidement; si les os sont ceux d'un étranger, le sang coule sans pénétrer.
Aussi, une nuit, il sortit du palais et se rendit sur la tombe du roi défunt; il creusa, mit les os à découvert, puis se coupa légèrement le doigt et fit couler quelques gouttes de sang. Immédiatement le sang s'infiltra. Ce fut la confirmation de ses soupçons. Son vrai père était bien ce roi qui avait trouvé la mort sous les coups de l'empereur Liang.
Le temps passa, et de nouveau les relations se tendirent entre les royaumes du Nord et du Sud; de nouvelles batailles furent engagées. L'empereur Liang nomma alors son fils commandant des armées. Mais arrivé sur le terrain des affrontements, au lieu de combattre l'ennemi, il gagna ses rangs, mit en déroute l'armée de l'empereur, puis attaqua le palais. L'empereur, durant toutes ces dernières années, était devenu fervent bouddhiste et avait reçu l'enseignement de Bodhidharma. Lorsque

l'ennemi entra, avec à sa tête son « fils », Liang était assis dans la posture du bouddha et pratiquait zazen. C'est ainsi qu'il mourut, assassiné par le prince.

la graine du destin

□

Autrefois, aux Indes, à l'époque du bouddha Shakyamuni, au palais de Makada, là où le Bouddha obtint le Satori, vivaient le roi Bimbashara et la reine Idaike. C'étaient un bon roi et une bonne reine mais ils n'avaient pas de fils.
La reine Idaike était belle, trop belle, et dans sa jeunesse, elle avait eu beaucoup d'amants. Elle ne pouvait plus concevoir.
Le roi dit :
« Il faut que nous ayons un enfant, un successeur. »
Ils prirent conseil auprès d'un célèbre devin qui dit :
« Roi, vous n'avez pas en vous de semences d'enfant. Ces semences sont maintenant en possession d'un ermite qui vit dans la montagne profonde. Il fait zazen parmi les rochers. Quand cet ermite mourra, vous pourrez engendrer un enfant car cette semence vous sera transmise. Tant qu'il vivra, le ventre de votre femme ne portera pas d'enfant. »
Le roi se rendit dans la montagne avec une nombreuse suite. Ils trouvèrent un homme avec de longs cheveux et une belle barbe blanche. Son allure était noble, forte, un véritable ermite. Sage, immortel. C'était là ce qui les inquiétait car, pensaient-ils, ce sage ne mourra jamais. Le roi se concerta avec ses suivants, et décision fut prise de tuer le saint homme. Un des courtisans transperça rapidement de son épée l'ermite qui n'avait pas bougé de sa méditation.

A cet instant, le ventre d'Idaike se mit à grossir... Ils rentrèrent au palais et consultèrent à nouveau le devin, lequel, considérant le ventre de la reine, leur dit :
« Pourquoi l'avez-vous tué? Il suffisait de le voir, de le rencontrer pour que la reine puisse avoir un enfant. Mais vous l'avez tué, aussi quand cet enfant grandira, un malheur surviendra. Mais si vous tuez cet enfant, un malheur surviendra également. Toutefois, si vous parvenez à le mettre au monde au-dessus d'une épée, la faute sera amoindrie. »
Dix mois plus tard, la reine mit au monde ce bébé au-dessus d'une épée. Il n'en mourut pas. Seul un doigt de son pied fut tranché. Ce bébé devint le prince Ajase. Il grandissait en beauté et en intelligence.
« Comment un si bel enfant pourrait-il provoquer un malheur? » pensaient le roi Bimbashara et la reine Idaike. L'atmosphère au palais était paisible et heureuse.
Le roi et la reine étaient de pieux adeptes du bouddha Shakyamuni, et leur enfant fut élevé de même.
A cette même époque vivait dans le royaume un homme qui intriguait beaucoup par sa férocité : Daivadatta, le cousin du bouddha, jalousait fort celui-ci et briguait son succès. Partout où il passait, il saccageait l'auréole du bouddha.
C'est alors qu'il rencontra le prince Ajase; l'opportunité était excellente, et sans plus de préambule, il lui dit :
« Vous devez tuer votre père et devenir roi de Makada. Je tuerai Shakyamuni Bouddha et deviendrai le vrai bouddha, et vous et moi gouvernerons tout le pays. »
« Vous êtes fou! » répliqua le prince.

« Vous êtes trop honnête! rétorqua Daivadata. Regardez votre pied, et expliquez-moi : pourquoi vous manque-t-il un doigt? Vous l'ignorez! En fait vos parents ne sont pas vos vrais parents, mais vos ennemis! » Le prince s'était souvent interrogé sur cet orteil manquant; il avait des soupçons, et trouva une réponse facile dans les paroles de Daivadata. Il fut convaincu sans aucune arrière-pensée.

De retour au palais, il fit enfermer son père dans un cachot obscur.

Shakyamuni Bouddha comprit qu'Ajase avait mal agi, sur l'incitation de son cousin. Il voulut secourir le roi, et décida d'envoyer au palais son disciple Mokuren qui avait des pouvoirs magiques, son autre disciple, le très éloquent Furuna, ainsi que la plus belle de ses nonnes, la jeune Renge, Fleur de Lotus. Et il leur ordonna de soulager les peines du roi.

Par ses pouvoirs magiques, Mokuren faisait pénétrer tout un chacun dans la prison. Furuna racontait de merveilleuses histoires et la très belle Fleur de Lotus réconfortait le roi. Parfois la reine Idaike venait également. Elle lui apportait du miel, des fruits et toutes sortes de produits agréables. Quand elle l'embrassait, elle lui laissait dans la bouche ce qu'elle avait dissimulé dans la sienne. Ainsi put survivre le roi.

Le prince était devenu roi. Un jour il voulut voir ce qu'il était advenu de son père qu'il croyait mort. Il se fit ouvrir le cachot, et demeura interdit : son père était toujours bien portant. Il pensa qu'il était aidé, et demanda au gardien des explications : « Shakyamuni Bouddha le secourt en lui envoyant des disciples. » Il lui conta les visites que le prisonnier recevait souvent. « La reine Idaike elle-même lui apporte à manger. Il ne mourra pas. »

A la vexation succéda un irrésistible désir de vengeance. La colère lui fit tuer son père. Puis il voulut aussi tuer sa mère et conçut un guet-apens. Caché derrière une colonne, il attendit que celle-ci vienne voir son père. Enfin il l'entendit approcher, mais au moment où elle allait passer la colonne, deux ministres se précipitèrent sur le prince, et l'arrêtèrent.

« Prince, qu'alliez-vous faire là? Vous avez tué votre père, maintenant vous voulez tuer votre mère!? Ce sont les pires actions que l'on puisse commettre. Est-ce là le comportement d'un roi?! Laissez les gens de basse caste agir de la sorte! »

Alors le roi arrêta son geste; mais ses ressentiments n'étaient pas éteints. Sous ses ordres, sa mère fut à son tour enfermée. Le temps passait, les mois et les années... Mais, roi, il n'était guère heureux. Sa santé s'affaiblissait, son humeur était toujours sombre. On fit venir de nombreux savants, des médecins, des astrologues, mais personne ne comprenait la raison de ces changements.

Finalement un devin déclara :

« Vous êtes puni par les cieux pour le meurtre de votre père et pour l'emprisonnement de votre mère. »

Alors pendant des jours, Ajase s'enferma, seul, refusant toute visite, et réfléchit profondément à son karma. Quand il réapparut enfin, on s'aperçut que sa méditation solitaire avait porté ses fruits; il fit libérer sa mère; puis se convertit à l'enseignement du bouddha, dont il observa fidèlement l'enseignement.

Par la suite, Ajase fit éditer les sutras du bouddha. Il prépara les cérémonies qui suivirent la mort du grand maître, et il s'employa sa vie durant à protéger le bouddhisme.

Cette histoire très célèbre est rapportée dans le

« Sutra de l'observation de la vie infinie » ou *Kan Muryoju Kyo*.
Ce sutra relate en outre la conférence du Bouddha destinée à Idaike lorsqu'elle était prisonnière. Il lui donna alors un très grand enseignement.
Dans sa jeunesse, Idaike avait eu des mœurs très légères. Ce karma influença toute sa vie et se manifestait maintenant.
Il lui enseigna la façon d'observer son karma et de le connaître. Il lui enseigna zazen.
Dans la vie d'Idaike, son bonheur devint son malheur, et son malheur devint son bonheur alternativement.
C'est l'histoire du karma. Cela se passe ainsi chez la plupart des gens.

l'impermanence : mujo seppo

□

Tozan a demandé à son maître Ungan :
« L'enseignement des choses non sensibles, qui peut l'entendre? »
Maître Ungan a répondu :
« Cet enseignement des choses non sensibles, seules les choses non sensibles peuvent l'entendre. »
Tozan posa une autre question :
« L'avez-vous entendu ou expérimenté?
– Si je pouvais l'entendre, vous ne pourriez pas l'entendre. »
Réponse profonde. Cela signifie : « Je suis Mujo Seppo, aussi vous ne pouvez entendre ma conférence d'être non sensible. »
Pour le disciple Tozan, cela ne fut pas clair. Il lui posa encore la même question.
Ungan répondit : « Peut-être avez-vous compris? Certains ont eu le satori et comprennent. »
Le disciple Tozan ne fut pas fâché. « Je ne peux entendre aucune conférence, aucun Seppo. » Alors Ungan dit : « Vous ne pouvez entendre même mon enseignement, comment alors pourriez-vous entendre le Seppo? »
A ce moment-là Tozan a compris. Il a fait sampai devant le maître. « Compris, compris. » Et Tozan composa un poème pour son maître :

Merveilleux, rare Mujo Seppo... Je ne peux l'expliquer.

Même si vous écoutez ma voix, vous ne pouvez l'entendre.
Cet enseignement des choses non sensibles, seules les choses non sensibles peuvent le comprendre.
Oh, mon maître, la vraie personne qui obtient le satori est sensible,
mais quand nous n'écoutons pas Mujo Seppo, nous ne pouvons entendre.

sesshin d'été

□

« Un été à l'époque du Bouddha, un très riche brahmane avait convié à une sesshin la Sangha du Bouddha. La grande sesshin d'été commença. Mais une nuit, ce brahmane eut un rêve : un grand serpent blanc enlaçait son château. Le rêve d'un serpent blanc est de bon augure. Mais ce brahmane l'ignorait. Il consulta un devin, méchant homme qui jalousait Shakyamuni Bouddha.
Il lui dit : « C'est un très mauvais rêve. Un fort ennemi vous attaquera certainement et vous allez mourir. »
– Que faire alors? demanda le brahmane, conseillez-moi. »
– Vous devez vous enfermer dans le château et ne pas sortir de tout l'été. Enfermez-vous avec de belles servantes. »
Ce brahmane ne put alors faire de fuse[1] à la Sangha du Bouddha. Tout le monde, même le Bouddha, ne mangeait que de la soupe de blé. Quelqu'un vola du riz de la réserve du brahmane. Bouddha se fâcha très fort et dit :
« Je dois vous excommunier. »
Le disciple Mokuren prit alors la parole :
« J'ai un pouvoir magique grâce auquel je vais pouvoir vous apporter de la bonne nourriture du paradis. »
Bouddha répondit :
« Ce n'est pas nécessaire. Quand je serai mort, si pendant une sesshin personne n'a de pouvoir

1. Don.

magique, comment feront-ils? Il n'est donc pas nécessaire de chercher de la nourriture par les pouvoirs magiques. »
Le disciple Ananda dit au bouddha :
« Il est difficile pour notre maître et pour nous tous de n'avoir que du blé chaque jour. Tout le monde souffre. Dans le pays voisin, habite ma famille, très riche. Je vais leur demander de l'aide. »
Bouddha répondit :
« Si, à l'avenir, lors d'une sesshin d'été, ils ne peuvent obtenir l'aide d'aucun homme riche, comment feront-ils? »
Shariputra dit ensuite :
« Je connais de riches dévôts du bouddhisme dans ce pays. Je vais leur demander de l'aide. »
Bouddha dit :
« Ce n'est pas la peine. Si, à l'avenir, ils n'ont pas de riches bouddhistes pour les aider, comment feront-ils? »
Ainsi le bouddha continua la sesshin sans aucune aide. Ils ne mangèrent que de la soupe de blé pendant toute la sesshin d'été.
Cette histoire est un exemple d'enseignement aux disciples pour les sesshins futures.
Quand nous sommes pauvres, il faut se conformer à la pauvreté.
Quand nous sommes riches, il est possible de nous adapter à la richesse. Une sesshin pauvre est pauvre. Une sesshin riche est riche.
Il faut se contenter de ce que l'on a. Si notre esprit est libre, la vie est simple.

respect!

□

Dans le sutra du Lotus, il est rapporté l'histoire suivante :
« Un bodhisattva continua zazen chaque jour durant des années. Il n'était pas très intelligent, il ne savait ni écrire, ni réciter de sutra. Mais chaque fois qu'il rencontrait quelqu'un, même un esclave, il témoignait beaucoup de respect. Il faisait toujours gassho [1], et parfois même se prosternait à leurs pieds. Il leur disait :
" Je vous respecte, vous êtes un grand bouddha. "
« Mais un jour, de mauvaises gens le prirent à partie et se fâchèrent :
" Vous êtes idiot, ou vous vous moquez de nous! Nous ne pouvons croire en vos paroles. "
« Ils le chassèrent en le frappant à coups de bâtons. Le bodhisattva s'enfuit, mais en courant il répétait à voix haute :
" Je vous respecte, vous êtes de grands Bodhisattvas. Je dois vous respecter! Vous pouvez devenir de grands Bouddhas. " Près de mourir, ce bodhisattva eut la vision d'un magnifique bouddha céleste. Il obtint à ce moment-là un grand satori et vécut encore très longtemps. »
Si nous respectons ce précepte : « Ne pas critiquer, ne pas médire », notre vie pourra se prolonger longtemps dans le bonheur.

1. Salutation où l'on joint les mains à la hauteur du visage.

Hoichi, joueur de biwa

□

L'histoire est tirée du « dit du Heike ».
Il y a trois cents ans environ, vivait près de Dan no ura le très célèbre joueur de biwa[1] connu sous le nom de Hoichi. Il était aveugle. Son infirmité en était-elle la cause? le fait est qu'il savait tirer de son instrument des tonalités d'une telle pureté qu'elles arrachaient les larmes de tous.
A proximité, se trouvait le temple Amida; le chef, un vieux maître, l'aimait beaucoup; comme Hoichi était très pauvre, il lui avait offert l'hospitalité dans une pièce de son temple. Une nuit d'été, Hoichi était assis au bord de la galerie circulaire, perdu dans la contemplation des étoiles, attendant le retour du maître parti faire des cérémonies chez ses fidèles. Soudain il fut tiré de son silence par le son de pas qui ne lui étaient pas familiers. C'était un samouraï en armure, il s'approcha et dit à Hoichi :
« N'ayez pas peur. Je suis un messager venu vous chercher de la part d'une famille d'aristocrates, de grands personnages d'une haute noblesse. Ils ont voulu voir le champ de bataille de Dan no ura, et sont venus en secret dans cette province, en compagnie d'une cour importante. Ils ont entendu parler de votre célèbre biwa, et souhaitent vous entendre en jouer. »
Hoichi n'avait pas envie de bouger, mais le puissant samouraï le saisit par la main et l'entraîna. Il se

1. Luth.

laissa guider et se trouva bientôt devant un grand palais. Le haut portail s'ouvrit; d'importants officiels, de hauts dignitaires, des femmes joliment parées d'habits anciens l'attendaient. Tout au centre de la grande assemblée, en un lieu élevé, trônait une femme à l'allure superbe. On lui demande de jouer. Ses mélodies, comme toujours, arrachèrent des soupirs d'admiration et de saisissement.

« Ma très respectable maîtresse a été très satisfaite de vous entendre, vous l'avez enchantée. Revenez chaque nuit. Après chaque récital, se tiendra une réception, et vous recevrez une récompense. Une jeune femme de très haute noblesse souhaite se marier avec vous. N'en parlez à personne. Gardez totalement le secret. »

Il était un peu effrayé, mais curieux. Le samouraï le raccompagna au temple Amida.

La nuit suivante et celle d'après, la même aventure se produisit. Au bout d'une semaine, le chef du temple finit par s'inquiéter de plus en plus de ces errances nocturnes, d'autant que Hoichi montrait un air étrange, égaré et lointain. Il demanda à Hoichi :

« Pourquoi n'avez-vous pas dormi ici cette nuit et les précédentes? Où vous rendez-vous? Avez-vous une amie?

– Non, Non; c'est un secret », répondit vaguement Hoichi.

Le Maître décida de le faire suivre. Deux disciples furent envoyés, mais les chemins qu'empruntait Hoichi défiaient quiconque de pouvoir le suivre. On aurait pu penser qu'il volait. Ils perdirent totalement sa trace et se mirent en devoir de le chercher. Vainement. Retrouver Hoichi dans cette contrée sauvage, la nuit, relevait du miracle.

Ils prirent donc le chemin du retour; ils passaient devant le cimetière du temple Amida, lorsqu'ils

entendirent, ébahis, le son du biwa. Ils se précipitèrent et aperçurent Hoichi assis devant les tombes du clan Heike. La pluie avait trempé ses habits, mais il était trop absorbé à jouer pour ressentir quoi que ce fût.
Ses amis l'appelèrent :
« Hoichi... Hoichi... », mais il semblait ne rien entendre. Ils lui tapotèrent l'épaule. Ils l'appelèrent de nouveau, le secouèrent encore, finalement, il remarqua leur présence. Au retour, ils racontèrent tout au chef du temple qui en demeura stupéfait :
« Hoichi est tombé malade. Les esprits des Heike l'ont pénétré! » « S'il continue encore une semaine, il en mourra. »
« Vous êtes fou, répliqua le Maître. Je connais une méthode; il faut au plus tôt faire un kito [1], exorciser le mal. Déshabillez-le. » Il ordonna à ses disciples d'apporter son matériel à calligraphie : encre, pinceaux, pierre. Et lentement, il entreprit de peindre sur toute la surface de son corps le sutra de la grande Sagesse, le *Hannya Shingyo*. Tout fut recouvert, du sommet du crâne à la plante des pieds.
Puis il lui fit cet avertissement :
« Sans aucun doute, le samouraï reviendra, mais ne lui répondez pas. Continuez seulement zazen, shikantaza. Ne bougez pas. Chantez le Hannya Shingyo à voix basse. Ainsi pourrez-vous échapper au samouraï et à ce maléfice. »
La nuit, le samouraï vint, mais il ne put voir Hoichi.
Son Biwa seul était posé contre la cloison.
Il regarda, regarda, et, suspendues en l'air, il aperçut deux oreilles. Il les reconnut : les oreilles de Hoichi! Il s'est transformé en fantôme! Il tira,

1. Prière de l'exorcisme.

lui arracha les oreilles et les emporta. Hoichi n'en ressentit pas une grande douleur, mais un grand froid. Le sang coulait. Le lendemain, le chef du temple vint le voir :
« Malédiction ! s'écria-t-il, vous avez perdu vos oreilles ! J'ai oublié d'écrire l'Hannya Shingyo sur vos oreilles. Quelle faute ai-je commise là ! » Il était sincèrement bouleversé. Mais Hoichi s'en remit vite. Par la suite, il devint célèbre sous le nom de « Hoichi sans oreilles ». Son art du biwa n'en fut pas altéré pour autant. Au contraire, au fil du temps il ne cessait de se surpasser, au grand ravissement de tous les amateurs de biwa, de tous les poètes et des musiciens, de tous les artistes, de tous les moines et des mendiants, des femmes et des enfants. Il n'était pas jusqu'au plus rustre qui pût y demeurer insensible. Il demeura le plus grand maître de biwa, incontesté.

les deux esprits

□

Ananda était un fort beau jeune homme, disciple du bouddha. Par un jour de grande chaleur, revenant de sa tournée de mendicité *(takuhachi),* il se dirigea vers un puits où il pensait enfin pouvoir se désaltérer. S'approchant, il aperçut une jeune fille qui puisait de l'eau.
Il lui demanda un peu de son eau, et la jeune fille répondit :
« Je suis une *Sudaran* (intouchable). Vous ne pouvez recevoir de l'eau de ma main! »
Remplie de honte, elle détourna son visage.
« Non! dit Ananda, l'enseignement du bouddha est au-delà des castes! L'Humanité est une! Aucune caste ne peut la diviser! »
La jeune fille lui offrit un peu d'eau dans le creux de ses mains; puis Ananda, tournant le dos, reprit sa route.
La jeune fille le regardait s'éloigner, interdite; sa silhouette était exquise. Ses paroles avaient été si douces! Et son visage rayonnait d'une telle beauté!
Il ne lui en fallut pas plus pour qu'elle en devînt éperdument éprise. De retour chez elle, elle fit part à sa mère de cette rencontre; elle l'assura de ses sentiments et de sa détermination inébranlable à revoir Ananda et à l'épouser. La mère ne pouvait croire à la folle résolution de sa fille :
« Tu sais bien qu'Ananda est un grand disciple de Bouddha Shakyamuni, et que jamais il ne consentira à t'épouser!
– Mère, sa grandeur d'âme l'a pourtant fait boire

l'eau de ma main; de plus, il a prétendu ne tenir nullement compte d'aucune classe, quelle qu'elle soit! N'ai-je pas quelque raison d'espérer? D'autant, mère, que vous possédez d'immenses pouvoirs magiques!
Je vous en prie, faites-en usage pour moi, une fois! Faites revenir Ananda auprès de moi!
– Ta sottise est sans borne ma fille, tu sais aussi bien que moi, que mes pouvoirs n'ont aucun effet sur toute personne qui n'a plus ni désir, ni attache, pas plus que sur les morts. Ananda est de ces êtres-là; disciple du Bouddha, il est sans désir, et respectueux des préceptes! Renonce donc à cet amour!
– Mieux vaut mourir! » répondit la fille.
A ces paroles, la magicienne, qui n'en était pas moins mère, tressaillit et décida, vaincue, d'appeler Ananda.
Le rituel magique supposait une longue préparation; elle avait dû badigeonner les murs de la pièce avec de la bouse de vache, faire un tas épais de roseaux blancs, enfin remplir huit jarres de fleurs rares qu'elle s'était donné la peine d'aller cueillir sur les hautes prairies des montagnes. Tout était enfin prêt. Elle mit alors le feu aux roseaux dont la fumée envahit rapidement la pièce.
Secouant la tête en tout sens, sa longue chevelure prolongeant ses mouvements, elle tournait d'un pas saccadé autour du feu; la transe s'intensifiait, et comme possédée, elle hurlait :
« Démons et Dieux du feu, Dieux de la terre et du paradis! Écoutez mon tourment! Répondez à mes imprécations! Exaucez-moi! »
Elle déversa alors dans les flammes, le contenu de chacune des jarres.
La puissance qui se dégagea du rituel surprit la jeunesse inexpérimentée d'Ananda et l'étourdit; à

demi conscient, il s'éveilla dans la chambre de la jeune fille.
« Accepte-moi pour femme, lui murmura-t-elle; je ne peux connaître de bonheur qu'avec toi. »
La beauté provocante de son corps nu s'offrit à Ananda.
... A quelque distance, dans un palais, se déroulait une cérémonie; alors que le Bouddha officiait, il reçut crûment la vision de l'étreinte amoureuse d'Ananda et de la jeune fille.
Était-ce l'effet de la surprise, ou bien le Bouddha prenait-il quelque intérêt à regarder la scène? le fait est qu'il se passa un moment avant qu'il ne rappelle Ananda.
« Ananda! Ananda! Reviens! Cela est dangereux! » finit-il par crier.
La force de sa pensée ramena Ananda au palais.
La jeune fille suivit, mais étant « intouchable », elle fut refoulée à ses portes, et dut attendre au portail d'entrée que la cérémonie s'achevât. Bouddha enfin sortit, suivi de ses disciples. Elle se pressa alors à ses côtés, et lui entama le pas.
« Que veux-tu? Où vas-tu? lui demanda Bouddha.
– Vous m'avez retiré Ananda; je veux le revoir et devenir sa femme... parce que je l'aime, avoua-t-elle.
– Pourquoi aimes-tu Ananda? Peux-tu me dire ce que tu aimes en lui? » demanda Bouddha.
Et il ajouta :
« Dans les yeux d'Ananda, il y a des larmes.
Son nez effilé est rempli de morve;
De sa bouche s'exhalent de puantes odeurs;
Son corps est fait d'immondices.
Ses intestins remplis d'excréments, et son sexe éjecte l'urine!
L'aimes-tu encore ton bel Ananda?

Alors dis-toi bien que son esprit aussi n'est pas si pur!
Tu le trouves doux et aimant! Songe alors que sa gentillesse n'est qu'égoïste, et que son amabilité du moment est le voile qui dissimule ses sordides désirs.
Quand il se sera satisfait, il te rejettera comme un instrument usé.
La jeunesse de tes sens t'affaiblit; tu te laisses prendre à leurs pièges, et suis ce qui les séduit.
Prends garde! La vieillesse te surprendra avant même que tu n'aies eu le temps d'y songer; tes sens n'auront à tes yeux plus tellement d'importance; fanée tu ne seras plus ni séduisante, ni séduite; seule à la mort tu ne pourras plus te dérober! »
Patiemment et calmement, le Bouddha prêcha longtemps encore.
Au moment où il s'arrêta, estimant que son enseignement était suffisant, les cheveux de la jeune fille, qu'elle avait ornés de fleurs, tombèrent doucement. Ses habits agrémentés s'envolèrent, donnant place à un kesa qui la recouvrit entièrement.
Bouddha dit alors :
« Ton corps est éphémère; sa beauté ne dure que le temps de ta passion. Cesse de créer des attachements, et entre dans la Vraie Voie! »
Sa conversion était proche; mais Bouddha ajouta encore :
« Va, je te permets maintenant de voir Ananda; deviens sa femme, et sois heureuse! »
Étouffant des sanglots de remords, elle confessa alors les égarements où son cœur passionné l'avait conduite :
« Jusqu'à ce jour, trompée par mes sens je me suis fourvoyée sur les chemins de la souffrance; grâce à cet amour, mon esprit d'attachement vient de

s'évanouir; aussi je vous demande de m'accepter pour disciple! »

Ainsi devint-elle une vraie nonne disciple du Bouddha, à qui elle fut, sa vie durant, très dévouée.

Cette aventure amena Ananda à avouer sa faute au Bouddha. Longuement il confessa l'attirance que la jeune fille avait exercée sur lui et reconnut avoir été induit en erreur par ses sens. Bouddha dit alors :

« Vous avez aimé cette jeune femme; votre esprit a été souillé par cette passion; si l'attachement qui en a résulté s'était perpétué, il n'aurait amené que semences de mauvais karma! Mais dans votre esprit tourmenté, s'est élevée la réflexion; et le remords vous a conduit à vous confesser; aussi êtes-vous lavé de vos souillures, car cet esprit-là qui a vaincu vos passions est l'esprit pur et invisible; il possède l'éclat et la solidité du diamant; semblable à lui, il disparaît tantôt sous la couche boueuse des illusions opaques; mais quand le voile se retire, il brille soudain dans sa magnificence.

Toute vie s'accomplit en fonction de ces deux esprits où tantôt l'un tantôt l'autre prédomine; emporté par le courant des circonstances qui font miroiter les objets et exacerbent les sens, le flot des passions s'élève, déracinant le bon sens et brisant la sagesse... puis épuisé, s'effondre.

La tempête finie, l'autre esprit apparaît, calme et apaisant, semblable au fleuve majestueux et pacifique.

Les deux se livrent souvent une lutte acharnée; mais si le premier parfois se montre supérieur, le second, toutefois, demeure, impérissable et inchangeant dans les profondeurs solitaires de l'inaccessible; rien ne peut avoir d'emprise sur lui; le feu ne peut le brûler, ni l'eau le noyer. Imbu d'une infinie patience et contrecarrant les passions déréglées, il œuvre par sa seule présence, qu'un moment

d'accalmie fait réapparaître avec une force intensifiée. Celui-là est le véritable Esprit, pur et éternel. »
Shakyamuni Bouddha demanda alors :
« Pouvez-vous me dire, Ananda, où existe votre esprit qui aimait?
– Il est certainement dans mon corps, répondit Ananda.
– Certes, l'esprit a la faculté de la réflexion et de l'introspection et peut ainsi connaître l'être qu'il habite! Mais plus précisément, pouvez-vous me dire, Ananda, dans quelle partie du corps vous le situez? »
Perplexe, Ananda répondit :
« Peut-être existe-t-il aussi en dehors de mon corps!
– Certes, rétorqua Bouddha, votre esprit a la faculté de sentir les atmosphères extérieures! Toutefois Ananda, votre esprit existant aussi à l'extérieur de votre corps, si je brise cette colonne, en ressentirez-vous de la douleur? »
Ananda était incapable de répondre.
« L'esprit emplit tout le cosmos! finit par conclure Bouddha.
L'esprit qui aimait existait avant même que tu ne sois! Un amalgame de circonstances l'a fait s'éveiller en toi; tu n'as été que le jouet de possession de cet esprit! Et bien que tu t'en sois défait, il continuera à être! »

la braise, sous la cendre

□

Le quarantième koan du *Mumonkan* relate l'histoire d'Isan.
Isan devint le disciple de Hyakujo à l'âge de vingt-trois ans.
Quand Hyakujo vit ce jeune homme, il lui permit d'entrer dans sa chambre [1], et il en fit son secrétaire.
Hyakujo lui demanda un jour :
« Est-ce qu'il y a encore un peu de feu dans les cendres du foyer? »
Isan chercha mais ne put trouver. Alors Hyakujo vint et trouva, profondément enfouie, une braise; il la saisit à l'aide de tisonniers, et ranima le feu.
« N'est-ce pas du feu? demanda-t-il.
– Oui! Oui! C'est bien du feu, répondit Isan.
– Ce feu n'est pas très important pour moi, dit Hyakujo, mais si vous voulez voir votre nature de bouddha, il est important de trouver l'occasion, la chance, l'opportunité.
« Mushin, le non-esprit, l'esprit sans dualité, et Mushotoku, l'esprit de non-profit, sont très importants. Si vous devenez Mushin et Mushotoku, alors vous pourrez comprendre mon esprit. »

1. Dans le zen, cela constitue une faveur accordée à de rares disciples.

viens!

□

Maître Tokusan (742-865) était assis en zazen au bord de la rivière. Un disciple arriva et, s'approchant de la berge, cria :
« Bonjour Maître! Comment allez-vous? »
Tokusan interrompit son zazen et avec son éventail fit signe au disciple : « Viens... viens...! » Et il se leva, tourna les talons et longea la rivière, suivant le cours de l'eau... Le disciple, à cet instant, eut le satori.

l'eau dans la bouteille

□

Un jour, Maître Shiba-Duda, un devin (en Chine, les devins occupaient une position très importante, et étaient souvent consultés par l'Empereur), rendit visite à Hyakujo et lui dit :
« J'ai découvert aujourd'hui une montagne merveilleuse au sud du lac. Construisez un temple sur cette montagne; vous pourrez y rassembler plus de deux mille disciples; et certainement ce temple jouira par la suite d'une grande réputation! »
Alors Hyakujo dit :
« Si vous êtes venu jusqu'à moi pour me le dire, c'est que cette montagne est sûrement très belle; je vais y aller.
– Non! Non! Vous ne pouvez pas y aller vous-même, rétorqua Isan, son disciple; votre visage et votre apparence sont pauvres. Il vaut mieux avoir une apparence fortunée. »
Alors Hyakujo recommanda son disciple Isan. Mais à ce moment-là, le frère aîné de Hyakujo, qui était *shuso* (c'est-à-dire siégeait dans la partie haute du dojo) n'apprécia guère le choix et dit à Maître Hyakujo :
« Vous ne devez pas décider d'après les dires du devin. Vous devez décidez selon les règles du zen. Il vous faut faire passer les tests par les koans. Le premier qui réussira devra être sélectionné. »
Isan à cette époque était tenzo.
Hyakujo approuva et donna un koan à tous les disciples. C'était un maître très démocrate.
« Chacun doit répondre et le premier qui réussira pourra se rendre dans cette montagne. »

Il plaça alors face aux disciples un jobin[1].
Alors Hyakujo déclara :
« Mes chers disciples, vous ne devez pas appeler cette bouteille un jobin. Comment l'appellerez-vous, de quel autre nom pourrez-vous la désigner? »
Alors le premier disciple shuso, Karin, répondit :
« Maître, je veux appeler cela une sandale de bois. »
Sûrement du fait que les jobin, à cette époque-là, de même que les sandales, étaient en bois.
Le suivant, Isan, se leva, prit le jobin, et le renversa en souriant.
Hyakujo sourit aussi. Karin avait été vaincu.
« Je dois me décider pour Isan », dit-il.
Cela est un koan très célèbre, très intéressant.

1. Bouteille d'eau importante pour les moines zen, car elle les accompagne en permanence et leur sert à se désaltérer ou à se laver les mains.

o zora! ko zora!

□

Voici une histoire très intéressante au sujet de Karin.
Karin était devenu le maître d'un grand temple; et un jour, un moine lui rendit visite. Karin accourut à la porte pour le recevoir. Le moine en fut surpris et lui demanda :
« N'avez-vous pas de secrétaire? »
Il s'en étonnait car c'est toujours le secrétaire du maître qui accueille le visiteur, et le maître ne vient qu'ensuite. Alors Karin dit : « Oui! Oui! J'ai deux secrétaires, deux très bons secrétaires, mais il est un peu dangereux de les appeler.
– Non! Non! Cela ne fait rien, je veux les voir », insista le moine.
Alors Karin appela :
« O Zora!
Ko Zora[1]! »
Alors, à l'appel du maître, deux grands tigres se dressèrent du fond de la maison et vinrent au-devant du visiteur qui en fut interloqué.
Aussi Karin dit-il :
« Retirez-vous maintenant, mes secrétaires; vous êtes trop forts et pas nécessaires pour ce moine. »
Les deux secrétaires tigres se retirèrent en rugissant dans la pièce à côté. Le moine, longtemps encore, resta blême.

1. *Taiku* et *Shoku,* en chinois, qui signifient « Grand Ku » et « Petit Ku ».
O Zora = O : « grand »;
Ko = « petit ».
Zora a une prononciation très proche du mot *Tora* : « tigre ».

Renge-shiki et les mérites du kesa

□

C'est l'histoire d'une très belle nonne – la nonne aux six pouvoirs –, Bikuni, qui vivait au temps de Bouddha Shakyamuni. Quand elle était devenue sa disciple, Bouddha Shakyamuni avait fait d'elle une très grande nonne. A cette époque-là, elle allait prêcher dans les familles aristocratiques, et s'adressant particulièrement aux femmes, elle les exhortait à devenir nonnes. Elle se heurtait dans la plupart des cas à leur refus :

« Nous sommes jeunes et belles, disaient ces femmes, jamais nous ne pourrons respecter les préceptes. »

Mais Renge-shiki insistait, leur disant que l'observance ou l'inobservance des préceptes était de moindre importance; du moment qu'elles recevaient l'ordination, c'était l'essentiel; elles ne devaient pas craindre de tomber en enfer en enfreignant les règles édictées par les préceptes. Toutefois, l'incrédulité qu'elle rencontrait auprès de ses auditrices conduisait Renge-shiki à narrer la plupart du temps sa propre histoire :

« Comme je dois remonter loin mon karma pour vous convaincre! disait-elle. J'étais dans ma vie antérieure une prostituée de grand renom. L'on se pressait de partout pour me voir danser, parée des plus beaux habits qui fussent. Ma beauté seule suffisait à procurer l'extase aux hommes. Tous me convoitaient et je pus amasser de grandes fortunes en leur donnant un peu de moi.

« Un jour, à une jeune nonne qui passait, j'ôtai prestement son habit, le kesa, m'en revêtis et continuai ma danse ainsi drapée... Ma vie entière avait été gouvernée par les forces du sexe et de la luxure, et je dus sombrer, après ma mort, dans les errances infernales de la transmigration. Toutefois le pouvoir du kesa se perpétuait; le karma que j'avais engendré par le simple acte de l'avoir une fois revêtu se manifesta alors dans ma vie suivante; aussi ai-je le grand bonheur d'être nonne maintenant. »
Nagarajuna, dans ses commentaires sur le *Hannya Haramita,* ajouta à l'histoire de Renge-shiki les précisions qui suivent.

Renge-shiki était incomparablement belle. Sa mère était plus belle encore, ce qui fit le malheur de Renge-shiki, car son mari ne put résister à la séduction qu'elle exerçait. Belle-mère et gendre dormaient ensemble, et Renge-shiki résolut de fuir. Dans son errance, elle rencontra un jour un fils de riches commerçants qu'elle aima et épousa. Leur bonheur était entier. Mais un jour, à la demande de son père, le jeune époux dut bientôt partir : il avait la charge de conduire une caravane à travers le désert jusqu'à une lointaine contrée où il pourrait vendre les denrées de son pays. Le voyage était long. Chaque village traversé laissait dans le cœur de ces nomades l'amertume du repos, du confort et des jouissances perdus, et surtout les femmes leur manquaient. Le mari de Renge-shiki s'émut bientôt de la fraîche beauté d'une jeune fille. C'était la saison des pluies; aussi, quand le commerce de la journée était fini, chacun s'empressait de se retrouver. Certes, le jeune époux avait quelque remords, « mais, pensa-t-il, je suis riche et peux entretenir un deuxième foyer. Et cette jeune femme est tellement belle! »

Il fut troublé par la ressemblance qui ne manquait pas d'exister entre cette jeune fille et sa propre femme.

... Les semaines s'étaient écoulées et la saison d'hiver était avancée lorsque Renge-shiki accueillit son époux de retour. Celui-ci tut son aventure, du moins préférait-il attendre quelque temps avant d'en parler à sa femme. Mais c'était ignorer que celle-ci avait de sa vie passée l'expérience de la prostitution; à l'attitude sans empressement de son mari, elle eut vite compris. Les explications furent simples, et même candides. Il lui relata la similitude des traits et la beauté commune qui les liait; il se justifia par la durée du voyage et la dureté de la vie; il voulait s'excuser encore, mais Renge-shiki comprenait, Renge-shiki pardonnait et acceptait. « Qu'elle vienne vivre sous notre toit », conclut-elle... La beauté de la jeune concubine frappa aussi Renge-shiki lorsqu'elle la vit pour la première fois. Elle se tenait un jour derrière elle l'observant se coiffer devant un miroir. Regardant l'image reflétée de leurs visages tout proches, le sien légèrement en arrière, elle s'étonna de la similitude que lui renvoyait le miroir. Renge-shiki voulut en savoir davantage et lui posa des questions sur son origine. Celle-ci lui parla de sa ville natale, de son enfance dans la maison de son père, mais elle dit ne pas avoir connu sa mère qui avait fui le foyer juste après sa naissance. Avec une profonde tristesse, Renge-shiki comprit qu'elle avait devant elle sa propre fille, née de son premier mari. Celui-ci avait été séduit par sa mère, le deuxième l'était par sa fille. Renge-shiki s'affligea profondément de son mauvais karma. Et pour la deuxième fois, elle fuit la maison conjugale. Elle finit par s'établir dans une lointaine métropole à l'est, et retrouva, pour gagner sa vie, son premier métier, le commerce de son corps. De nouveau, sa grande beauté lui apporta

la renommée et attira la convoitise... A cette époque-là, dans la ville, venait des alentours un jeune homme fort distingué aux traits raffinés qui tenait régulièrement des prêches, prodiguant l'enseignement que lui transmettait son Maître, Bouddha Shakyamuni. Il se nommait Mokuren.
Mokuren fut rapidement l'objet de jalousie des brahmanes à qui échappaient un grand nombre d'auditeurs, en majorité des femmes, qui allaient rejoindre les rangs déjà touffus des nouveaux fidèles convertis aux paroles du Bouddha. Ces brahmanes délaissés complotèrent bientôt contre l'intrus qui ravissait leurs fidèles et par là même leur pouvoir. Certes, ils ne pouvaient pas le tuer, cela n'aurait fait que soulever l'opinion et diriger les soupçons contre eux. Il fallait donc trouver à perturber le pur sillon qu'il traçait dans la foi populaire. Renge-shiki était tout indiquée pour entacher le mythe.
« Quand il aura été séduit, Mokuren perdra dans le cœur de ses fidèles la haute estime d'envoyé divin dans laquelle ils le tenaient. Mokuren compromis avec Renge-shiki! Quelle consternation! »
Ainsi pensaient les brahmanes qui se rendirent sur-le-champ chez Renge-shiki. Quand celle-ci eut connaissance de l'affaire, elle finit par dire :
« Rien de plus simple! Tous les hommes sont pareils. Ils finissent tous par s'incliner! Votre Mokuren ne fera pas exception! Je doute fort que sa vertu soit infaillible! »
« Ce Mokuren est toutefois un homme à qui il faut tendre un piège, pensa Renge-shiki. D'après ce que disent les brahmanes sur sa vie disciplinée, une avance trop directe serait systématiquement repoussée. Je dois trouver une astuce. »
Le lendemain, à la tombée du jour, Renge-shiki s'étendit sur le chemin qu'empruntait usuellement

Mokuren pour rentrer au temple. Allongée ainsi, gémissante, elle feignit d'être souffrante, pensant que Mokuren ne pourrait y être insensible.
« Il me sera alors tellement facile de le séduire! » pensa-t-elle. Elle entendit des pas s'approcher, aperçut Mokuren et crut le moment venu d'amplifier ses plaintes. Mokuren venait... Mais Mokuren passa sans prêter la moindre attention à la femme qui gisait. L'intuition de Mokuren surpassait le pouvoir des sortilèges.
« Mokuren! Mokuren! A l'aide, je suis malade! »
Ce disant Renge-shiki se leva brutalement et courut rejoindre Mokuren. Cet acte effaça tout doute dans la pensée de Mokuren sur les intentions de Renge-shiki. Imperturbable, il continuait son chemin, Renge-shiki à ses talons gesticulant et maugréant, suppliant, susurrant des paroles sans effet. Lorsqu'elle fut enfin calmée, désarmée, tout le chemin avait été parcouru, et le dojo du Bouddha s'imposait à sa vue. Bouddha attendait.
« Vous devez devenir une vraie nonne », lui dit-il.
Il posa sa main sur la tête de Renge-shiki dont les cheveux tombèrent aussitôt. Ses vêtements vulgaires se transformèrent en kesa, son attitude fut dignifiée. Tout son mauvais karma s'effaça d'un coup. Dès ce moment Renge-shiki n'était plus Renge-shiki; elle était une grande nonne qui, sa vie durant, se dévoua au Bouddha.
Elle avait alors environ 40 ans. Elle suivit partout Bouddha Shakyamuni, lui prodiguait son aide, l'assistait en tout. Toutefois, elle mourut prématurément, tuée par un certain Daiva. Cet acte marqua l'achèvement ultime de son karma. Ce fut dans l'histoire du bouddhisme la première nonne. Bouddha en parlait toujours en termes fort élogieux et l'estimait davantage encore que Mokuren. Il l'avait profondément comprise. Il savait qu'elle renaîtrait

pour construire la Grande Voie du Mahayana.
« Cette grande nonne a aidé et aidera encore toute l'humanité, plus que ne pourraient le faire dix grands bodhisattvas. »

C'est ainsi que Nagarajuna a rapporté l'histoire sur les mérites du kesa et que Dogen, par la suite, en fit revivre toute la profonde valeur.

sexy koan

□

« Dans sa jeunesse, Shinran[1] était étudiant à l'École Tendaï dans le temple du mont Hiei, près de Kyoto, en surplomb du lac Biwa. Shinran y a beaucoup souffert non seulement du manque de relations sexuelles, impossibles dans un temple, mais aussi de la difficulté à résoudre les problèmes de la vie.
Chaque jour, il se rendait à pied à Kyoto, au temple de Rokakudo (ou temple des Six Consciences) et il implorait Kannon, le bodhisattva de la Grande Compassion, de la grâce et de l'amour.
Une nuit, alors qu'il s'était couché devant la statue de Kannon, Shinran fit un rêve :
Kannon lui apparut, revêtue d'un scintillant kesa d'un blanc immaculé. Elle était superbe. Dans sa main droite, elle tenait la Fleur de Lotus. Elle lui dit : « Shinran, votre destinée sera très troublée par les femmes... Aussi dois-je vous aider, et je suis venue pour m'unir à vous. Je serai à vous cette nuit, nous devons célébrer notre mariage, et ensuite vous annoncerez notre union à tous les êtres humains. »
Shinran était cloué de surprise. Et, médusé, il s'avéra incapable d'accomplir cette union.
Il voulut la regarder de nouveau mais elle avait disparu... Et il aperçut une foule nombreuse qui gravissait les flancs d'une montagne. Puis son rêve se dissipa et il se réveilla.

1. Fondateur au XIIIe siècle de la secte Jodo-Shin au Japon. Contemporain de Maître Dogen. Très fameux pour son anti-conformisme; il eut, dit-on, plusieurs femmes et une cinquantaine d'enfants.

le vent d'automne disperse les feuilles mortes[1]

□

Un jeune homme aimait une riche jeune fille. Deux ans durant, il lui écrivait tous les jours, mais n'obtint jamais de réponse. Alors, il devint moine, et se retira dans un ermitage de la montagne.
Un jour, quelques années plus tard, il la voit arriver en son lieu de retraite. S'agenouillant devant lui, elle dit :
« Je me suis trompée. A présent j'ai compris votre amour, me voilà je suis à vous. »
Mais il répond : « Il est trop tard. A présent, je suis moine, j'ai coupé mon amour pour vous. Partez! »
Quelques jours plus tard, il descend dans la vallée quémander de la nourriture au village. Les habitants ne parlent que de la dernière nouvelle – on a trouvé une très belle jeune femme au visage noble, aux riches vêtements, morte dans la rivière : « C'est sûrement une histoire d'amour qui a mal fini. »
Les villageois l'ont enterrée à l'écart en ce lieu qu'ils appellent « la tombe de l'amour ».
Le moine comprend, se rend sur la tombe. Et là, il chante ce poème :

Quand vous êtes venue à la porte de mon ermitage
Les feuilles mortes de l'automne

1. Histoire très fameuse de Takiguchi et Yokobue.

Gisaient, rouges, sur le sol.
Après votre départ, le vent de l'automne
Les a dispersées.
Tout est impermanent et
Mon pauvre ermitage vaut mieux qu'un palais.
Pourquoi nos deux destinées n'ont-elles pu se rejoindre?
Avant je souffrais
Et vous étiez paisible
Maintenant je suis entré dans la voie de la sérénité
Et vous souffrez.
Toutes ces années ont passé comme un rêve.
Quand nous mourons
Personne ne nous suit dans le cercueil.
Il ne reste rien de nos illusions :
Souffrir ne servait donc à rien, ni s'affliger
Maintenant vous êtes morte.
Alors comme moi écoutez simplement
Le vent qui murmure dans les branches de pin.
Satori éternel.

pas de catégories

□

Kutsugen avait toute la confiance et l'affection de l'empereur Kaioh, qui lui avait donné le poste de gouverneur de province. Homme sincère, loyal, intègre et pur, il était jalousé par les autres courtisans.
Un de ses rivaux, favori de l'Impératrice, mit sur pied un complot destiné à faire disparaître l'Empereur et à mettre à sa place l'Empereur du Nord.
Kutsugen déjoua ses plans. L'Impératrice et son favori décidèrent alors de le perdre.
Un soir, l'Impératrice, parlant à Kutsugen, lui dit : « Je me sens fatiguée; je vous en prie, soutenez-moi... prenez-moi dans vos bras »; et d'une petite voix douce, lui murmura : « Je vous aime, embrassez-moi, je vous aime... »
Kutsugen refusa, et l'Impératrice fit mine de s'évanouir; alors Kutsugen se précipita pour la soutenir; à cet instant, l'Impératrice se mit à crier : « Au secours! Au secours! Kutsugen veut m'embrasser... »
L'Empereur accourut et furieux, déçu, le chassa du palais impérial. Kutsugen devint alors un mendiant errant de province en province. Il atteignit finalement le lac Bekira. Il fut reconnu par un fermier qui lui demanda : « Que faites-vous donc ici en mendiant? Pourquoi êtes-vous là?
– La société, dans ce pays, est corrompue! répondit-il; ce pays est intoxiqué; ma pureté est souillée, les hommes rêvent; mais moi seul suis éveillé. J'ai été expulsé du palais! J'en suis rempli de tristesse! »
Il faut savoir qu'auparavant Kutsugen avait été

emprisonné avec une jeune servante amoureuse de lui. L'Impératrice et son favori, rival de Kutsugen, voulant toujours sa mort, incendièrent la prison, après avoir tenté de l'empoisonner... mais la jeune servante avait bu le poison à sa place. Pour finir, désespéré, Kutsugen se jeta dans les eaux du lac Bekira. Son corps coula rapidement. Par la suite, dans la région, de nombreux malheurs survinrent dont le plus grand fut l'assassinat de l'Empereur et de l'Impératrice par le rival de Kutsugen. Avant de mourir, Kutsugen avait dit :
« Moi seul, suis pur dans cette société souillée. »
Les eaux du lac Bekira étaient limpides et transparentes.
Kutsugen, par son suicide, avait voulu rejoindre cette pureté. Mais son corps n'a pas flotté, et les eaux du lac n'ont pas pu dissoudre et accepter cette pureté.
Droit, honnête et loyal, Kutsugen ne s'était éveillé qu'à la seule pureté.
Mais la lumière de la Lune illumine toutes choses, pures et souillées. Kutsugen n'était pas un moine; homme social, gouverneur de province, déchu, il est devenu mendiant errant. Sa vie fut sans tache. Daichi ajoute :
« Nous, moines zen, nous ne devons subir aucune influence, et nous devons être plus sincères, plus purs, plus honnêtes que ne l'était Kutsugen...
au-delà de la transparence des eaux du lac Bekira.
Dans notre société de tels êtres existent...
Mais la Lune brille sur toutes choses, et il n'y a pas que le ciel bleu dégagé de tous nuages. »
Grand koan!
Les eaux transparentes du lac Bekira n'ont pas pu apporter la solution.
Poème profond et difficile...

la morve et les patates douces

□

Maître Raisan vivait sur le mont Kosan, au sud du fleuve Yang Tsé. Il s'était retiré dans une grotte d'où il ne sortait jamais. Jamais il ne se mêlait aux gens. L'Empereur qui était alors Tokuso se montrait fort curieux de la vie de cet ermite. Il désirait le rencontrer et le fit chercher par un messager. Lorsque celui-ci atteignit la grotte, Raisan faisait cuire des patates douces sur un feu alimenté par des bouses de vache. Attentif à la préparation de son repas, il n'avait pas remarqué que son nez coulait. Mais le messager, qui était aussi grand gouverneur, s'en offensa, comme marque d'irrespect :
« Ho ! Grand moine ! Essuyez votre nez ! lui cria-t-il.
– Vous voyez bien que je fais cuire des patates douces ! lui répondit Raisan. Ne vous occupez donc pas de la morve de mon nez ! La cuisson de mes patates est plus importante que votre présence ici ! Laissez faire mon nez ; la morve s'arrêtera bien, mais les patates doivent être cuites à point ! »
Le gouverneur en resta bouche bée. Il ne put rien répliquer et s'en retourna. De retour au palais, il raconta tout de l'histoire à l'Empereur qui exprima alors une vive admiration pour ce sage ermite. (Le nom de ce grand Empereur, Tokuso, signifie « Source de la vertu ».) L'Empereur dit alors :
« Je n'ai plus besoin de le faire venir. Je comprends qu'il n'est pas cet être lâche qui aurait fui le monde par peur des souillures, ni cet être négatif qui renie

toutes choses et se terre dans sa solitude. Non! Il est un grand homme profondément attentif à suivre la Voie : pratiquer zazen et faire cuire des patates douces. »

Dès ce moment, l'Empereur en fit son protégé et ordonna qu'on lui offre un vaste champ à proximité de son ermitage, où il pourrait faire pousser quantité de patates douces.

une petite voix sous le baluchon

□

Voici l'histoire d'un moine que son amour pour un jeune garçon a rendu fou. Le jeune garçon était mort d'une maladie, et le moine pleura sur son corps pendant des jours; il finit par dévorer son cadavre.
Depuis, il semait la panique dans le village de la vallée en descendant la nuit pour manger les cadavres.
Un Maître zen, Kwaian, qui passait par ce village, décida d'essayer de libérer cet homme de son démon. Il monta au temple, rencontra son hôte et se coucha pour la nuit.
Pendant son sommeil, l'autre erra à sa recherche pour le manger, mais il ne le trouva pas. Aussi, le lendemain, rempli de respect, il dit au Maître zen : « Le Maître est en vérité un bouddha... Qu'il m'instruise des principes capables de me libérer. »
Et Kwaian lui ordonna de méditer sur les vers suivants :

> Sur la rivière la Lune brille.
> Dans les pins, le vent souffle.
> Frais et pur matin d'une longue nuit paisible,
> Quelle en est la raison?

L'année suivante Kwaian retourna au temple qu'il trouva envahi par les herbes et les roseaux. Mais dans cette nuit d'automne, il entendit une petite voix qui murmurait le poème. Il s'approcha de la silhouette accroupie du vieux moine, mais au

moment où il la toucha, elle tomba en poussière, il ne restait plus que les ossements et le vieux baluchon bleu du moine.
Kwaian fit restaurer ce temple qui devint un grand temple du soto zen.

le bol et le bâton

□

Il y a très longtemps sévissait en Chine une pénible et longue sécheresse. Les rizières étaient desséchées et les gens souffraient de la faim. On fit venir un célèbre moine-magicien, Maître Shoko, pour qu'il use de ses pouvoirs contre le malfaisant dragon qui retenait la pluie. Par des incantations, Shoko fit venir le roi des dragons, puis tous les dragons du ciel, puis il les enferma tous dans son bol, et la pluie se mit à tomber abondamment.
Le bol du moine a un pouvoir cosmique au-delà de toutes limites.
Lors d'un voyage qu'il faisait à travers la Chine, Maître Chû rencontra dans la montagne deux tigres qui se battaient furieusement; il interposa entre les deux féroces carnassiers son bâton surmonté d'anneaux qui tintaient; le combat cessa aussitôt.
Ce bâton symbolise aussi un pouvoir puissant et mystérieux.
Ces objets n'ont pas de pouvoir matériel, les dragons ne peuvent pas entrer dans un petit bol, et un simple bâton de bois ne fait pas peur à la fureur de deux tigres. Ils n'ont pas non plus de pouvoir magique, mais ils symbolisent le pouvoir du bouddha, l'essence du zen.

d'accord! d'accord!

□

Quand Yoka rencontra Eno – c'est une curieuse histoire –, il arriva en faisant tinter un petit grelot accroché en haut de son bâton de moine, et il se tint debout devant Maître Eno.
Eno lui fit remarquer que son comportement n'était pas celui d'un moine[1].
« Ne reste pas là debout et ôte ton sac des épaules!
Pourquoi gardes-tu ton chapeau sur la tête?
Où as-tu appris à te tenir ainsi devant ton Maître? »
Yoka répondit : « Tout passe vite! la mort approche sans attendre! Le temps presse de résoudre, avec vous, le problème de la vie. Je n'ai pas de temps à perdre! »
Maître Eno lui répondit :
« Notre vie est éternelle. Nous devons aller au-delà de la mort. Nous devons aller au-delà du changement. Pourquoi ne le fais-tu pas? Pourquoi ne connais-tu pas l'éternel? Il faut comprendre les deux. Toi, tu ne comprends que le temps qui passe vite... »
Mais Maître Yoka était très fort dans les discussions... et tout à la fin Eno ne put qu'acquiescer : « Noyze... Noyze... » « D'accord! D'accord! » Il donna l'authentification à Yoka qui fut rempli de joie!
« Je comprends maintenant, I Shin Den Shin[2]. Je

1. Lorsqu'il arrive devant son Maître, un moine se doit de se décharger de ses vêtements et objets de voyageur, de faire trois fois des prosternations *(sampai)*, de saluer et de s'agenouiller.
2. « De mon âme à ton âme. »

peux retourner chez moi. Merci infiniment, Maître! »
Eno lui dit : « Reste cette nuit dans le temple. Pourquoi pars-tu si vite? » Pour la première fois, cette nuit-là, Yoka coucha dans le temple.
Depuis Yoka possède un autre nom : « Le satori d'une nuit. »
Par la suite, il écrivit le « Shodoka » : « Le chant de l'immédiat satori ».

un public de poupées

□

Voici l'histoire du moine zen Hôtan.
Hôtan écoutait l'enseignement d'un maître. La première fois l'assistance était nombreuse mais peu à peu, au long des jours qui suivirent, la salle se vida; un jour enfin, Hôtan fut seul dans la salle avec le maître. Celui-ci lui dit : « Je ne peux pas faire une conférence pour vous seul, et d'ailleurs je suis fatigué. »
Hôtan promit de revenir le lendemain avec beaucoup de monde. Mais, le lendemain il revint seul. Néanmoins, il dit au maître : « Vous pouvez faire votre conférence aujourd'hui, j'ai amené une nombreuse compagnie! »
Hôtan avait apporté de petites poupées qu'il avait installées dans la salle. Le maître lui dit : « Mais ce ne sont que des poupées!
– En effet, lui répondit Hôtan; mais tous ceux qui sont venus ici ne valent pas plus que ces poupées, ils ne comprennent rien à votre enseignement. Moi seul en ai compris la profondeur et la vérité. Même si beaucoup de gens étaient venus, ils ne seraient que remplissage, décor, vide sans fond. »

le savoir-agir

□

Une nuit, un voleur pénétra dans une maison. Le fils de la maison s'éveilla; furieux il se jeta sur le voleur qui s'échappa. Mais il put le rattraper, et ils se mirent à se battre. Le voleur avait le dessus et menaçait le garçon avec son couteau. A ce moment, le père survint armé d'un gros gourdin, il frappa le voleur qui était au-dessus de son fils, mais il le frappa si fort qu'il tua son fils en même temps. Les gens formèrent un attroupement autour d'eux. La garde vient et constate que rien n'a été volé. « Tragi-comédie jouée par trois fous », pensèrent-ils.

encore... encore... Merci!

□

A l'ère Meiji, vivait un très fameux moine amidiste, maître Kôjun Shichiri. Un voleur s'introduisit dans son temple et vint le menacer :
« L'argent!
– L'argent? J'en ai beaucoup. » Et il lui apporta une cassette pleine de billets et dit :
« Je vous remercie beaucoup car j'ai trop d'argent. Aujourd'hui justement, on m'en a donné beaucoup. Emportez-le, je vous prie. »
Le voleur était abasourdi :
« Je peux tout emporter? Vraiment?
– Bien sûr, vous devez tout emporter. »
Le voleur, très impressionné, s'apprêtait à repartir, mais Kôjun lui dit :
« Attendez! Attendez! Votre vêtement n'est pas très épais et la nuit est très froide. J'ai justement reçu hier d'une personne décédée un très bon vêtement bien chaud. Je vous en fais don. »
Le voleur le prit et le mit dans son sac avec l'argent.
« Attendez un moment encore.
– Quoi? Que voulez-vous me donner encore?
– Je n'ai plus rien à vous donner; mais ayant reçu toutes ces choses de moi, vous vous devez de me remercier! »
Après quelques temps et de nombreux autres larcins, le voleur fut arrêté et avoua ses vols. Kôjun fut convoqué et confronté au voleur. Quand les policiers eurent bien entendu le récit du vol, ils dirent à

Kôjun : « Vous ne devez pas aider les voleurs. »
Mais il leur dit : « Je ne connais pas de voleur qui soit entré dans mon temple.
– Vous ne connaissez pas cet homme?
– Mais si. Un jour, cet homme est venu dans mon temple. Je lui ai fait un présent, et il m'a remercié avant de partir. »
A ce moment, le voleur fut encore très impressionné, et spontanément, il remercia encore Kôjun. Il pleura, fut très profondément ému et troublé. Ce fut pour lui une grande révolution intérieure.

dix mille bras

□

La Kannon originale est Sen ju Kannon, la Kannon aux mille bras. Existent aussi :
– Bato Kannon, Kannon à tête de cheval. Cette statue n'a pas le visage d'un cheval. Le sommet de sa tête seulement en a la forme.
– Kannon aux onze visages.
– Kannon de la liberté.
– Roku Kannon, avec six corps, comme un monstre.
– Kannon de l'eau et de la Lune, ou bien Kannon à l'épuisette.
– Ryu zu Kannon, la Kannon à tête de dragon. Elle n'en a pas le visage.

Toutes ces statues sont un sujet de fierté de l'art bouddhique japonais. Mais des visiteurs américains, en les voyant un jour, rirent grossièrement en les tournant en dérision.

Alors le chef du temple demanda à l'une des Américaines :

« Avez-vous des enfants?
– Oui, seulement un.
– Lorsque vous l'éduquez, quelle est votre méthode?
– Beaucoup de techniques me sont nécessaires. »

Alors le chef du temple répliqua :

« Lorsqu'une mère éduque un seul enfant, elle a besoin de différentes méthodes et de beaucoup de doigté. Ainsi le bouddha pour sauver tous les êtres doit avoir mille ou dix mille bras! »

Cette femme fut très impressionnée.

histoire de renard

□

Pendant les conférences de Maître Hyakujo (célèbre maître rinzai) se tenait toujours dans l'assistance des moines un très vieil homme, attentif.
Un soir, il resta seul, et Maître Hyakujo lui demanda :
« Qui êtes-vous? »
Le vieil homme répondit :
« Ah! vous avez sûrement compris! Je ne suis pas un être humain; il y a longtemps, bien avant la naissance du bouddha, j'étais le chef d'un temple situé dans cette montagne, et un moine m'avait alors posé cette question :
" L'homme réalisé, tombera-t-il dans la chaîne karmique?[1] "
Et je répondis à ce moine :
" Je ne serai jamais enchaîné par les maillons de la chaîne du karma! " Mais c'est à la suite de ces paroles que je régressais après cinq cents renaissances, jusqu'à la condition de renard[2], mon état actuel.
Je vous en supplie, prononcez des paroles assez puissantes pour changer ce cycle. Répondez-moi!... Aidez mon corps et mon esprit à redevenir un être humain! L'homme qui a réalisé le satori tombe-t-il dans le monde de la chaîne karmique? »
Maître Hyakujo répondit : « Fumai... Kuramasanai...! Ne couvre pas tes traces! Ne cache pas tes traces! Ne vous échappez pas du karma. »
Le vieil homme eut alors le satori, et se débarrassa

1. Karma.
2. Au Japon et en Chine, traditionnellement, avoir un renard ou devenir un renard signifiait qu'on était ensorcelé.

du renard en lui. Avant de repartir, il dit à Hyakujo : « Je m'en vais vivre maintenant dans la montagne profonde parfaitement heureux et libre. Aussi je vous en prie, faites une cérémonie funéraire pour ce véritable moine. »
Le lendemain, dans l'après-midi, Hyakujo rassembla tous ses moines, et leur annonça : « Aujourd'hui, nous allons faire une grande cérémonie pour un moine décédé hier. »
Les moines, surpris, se regardèrent... personne n'était mort! Ils partirent dans la montagne, et arrivés sur les lieux, ils trouvèrent, sous une pierre, le corps d'un renard, le brûlèrent en récitant l'*Hannya Shingyo* et de nombreux sutras.
Maître Hyakujo, pendant une de ses conférences, raconta en détail cette « Histoire du vieux renard ».
Obaku demanda alors à Maître Hyakujo :
« Le vieil homme, dans sa réponse passée, avait exprimé une parole fausse. S'il n'avait rien répondu, quelle aurait été sa renaissance?
– Obaku, approche... viens, je vais te le dire... »
Obaku s'approcha et se tint face à son maître. Hyakujo ne dit rien, mais brusquement Obaku frappa au visage Hyakujo, car il pensait que son maître voulait le faire le premier.
« Je pensais que j'étais encore le seul à avoir la barbe et les moustaches russes du Daruma indien, mais maintenant, en voilà un autre »... dit Hyakujo, et il éclata de rire...!

cinq cents volumes, trois mots

□

On raconte que dans la Perse ancienne vivait un roi nommé Zémir. Couronné très jeune, il se mit en devoir de s'instruire : il rassembla autour de lui de nombreux érudits provenant de tous les pays et leur demanda d'éditer pour lui l'histoire de l'humanité. Tous ces érudits se concentrèrent donc profondément sur cette étude.
Vingt années passèrent à la préparation de l'édition. Enfin, ils se rendirent au palais, chargés de cinq cents volumes à dos de douze chameaux.
Le roi Zémir avait alors dépassé la quarantaine.
« Je suis déjà vieux, dit-il, je n'aurai pas le temps de tout lire avant ma mort, alors, s'il vous plaît, faites-en une édition abrégée. »
Durant une vingtaine d'années les érudits travaillèrent sur ces livres et revinrent au palais avec trois chameaux seulement.
Mais le roi était devenu très vieux. Il avait près de soixante ans et était affaibli :
« Il ne m'est pas possible de lire tous ces livres. S'il vous plaît, faites-en une version plus courte. »
Ils travaillèrent encore dix ans, puis revinrent avec un éléphant chargé de leurs ouvrages. Mais le roi avait maintenant plus de soixante-dix ans; à demi aveugle, il ne pouvait plus vraiment lire. Zémir demanda alors une édition encore plus abrégée. Les érudits eux aussi avaient vieilli. Ils se concentrèrent encore cinq ans et juste avant la mort du roi, ils revinrent avec un seul volume.

« Je dois donc mourir sans aucune connaissance au sujet de l'histoire de l'homme », dit-il.
A son chevet, le plus âgé des érudits répondit :
« Je vais vous expliquer en trois mots l'histoire de l'homme :
l'homme naît, souffre et finalement meurt. »
A cet instant même, le roi expira.

miroir brillant?

□

Voici l'histoire de la transmission de Maître Konin à Eno [1] :
Eno était le dernier des disciples de Konin, il était illettré et travaillait à la cuisine du temple. Pourtant, c'est lui qui reçut la transmission, avant Jinshu, le plus ancien et le plus instruit des disciples.
Eno n'avait plus de père et devait travailler durement pour entretenir sa mère. Chaque matin, il partait à la ville pour vendre du bois. Un jour, il entendit chanter le « Sutra du Diamant Coupeur » et fut frappé par cette phrase :
« Si l'esprit ne s'arrête nulle part, alors apparaît le véritable esprit. »
Je répète souvent que si nous ne pensions pas consciemment, inconsciemment notre véritable et pur esprit se manifeste. Cela ne peut être compris par les mots, mais doit être vécu par la pratique de zazen. Eno décida de devenir moine et après avoir confié sa mère à des amis, il se rendit sur le mont Hobai où se dressait le monastère du cinquième Patriarche, Konin. Mais en raison de ses origines modestes, il ne peut devenir moine et fut employé aux cuisines pour piler le riz. Un jour, le maître demanda à ses disciples d'exprimer par un court poème ce qu'ils avaient compris du zen.
Jinshu, le plus savant et le plus intelligent des disciples, fit ce poème :

> Le corps est l'arbre de la Bodhi.
> L'esprit est comme un miroir brillant.

1. Houeï-Neng en chinois.

Sans cesse, nous les époussetons et les essuyons
Afin de ne pas y laisser attacher la poussière.

Il se préparait à l'apporter au maître dans sa chambre, mais, saisi par un doute, il préféra l'accrocher sur le mur extérieur du dojo. Le maître, en passant, le vit et après l'avoir lu, il dit à Jinshu que son poème était bon, et que certainement il pouvait conduire des gens à l'éveil.
Eno l'illettré demanda à un de ses camarades de lui lire ce poème et décida d'en composer un à son tour. Son ami écrivit sous sa dictée :

Il n'y a ni arbre d'illumination (bodhi)
Ni miroir brillant
Puisque intrinséquement tout est vide
Où la poussière peut-elle se déposer?

Chacun en le lisant fut surpris, Konin également. Mais il n'en fit rien voir, et prétendant que ce poème était stupide, il l'effaça avec sa sandale.
La nuit venue, il se rendit à la cuisine où il trouva Eno pilant le riz. Il lui demanda :
« Avez-vous terminé avec le riz? » Et Eno répondit :
« Mon riz est prêt. Il est blanc mais personne ne l'a nettoyé. »
Alors Konin frappa trois fois sur la table et Eno comprit qu'il devait se rendre à la troisième heure dans la chambre du maître. Konin lui donna son kesa et la transmission, puis il lui ordonna de s'enfuir aussitôt du temple. Lui-même alla se cacher dans la montagne. Le lendemain, les moines furent très surpris de leur absence et se lancèrent à leur recherche. Tous briguaient la transmission et recherchaient le kesa. Eno resta caché pendant quinze ans parmi les pêcheurs, puis il reçut l'ordination de moine et se mit à enseigner au mont Sokei.

en Chine, un vieux cuisinier

□

Lorsque Maître Dogen se rendit en Chine en 1223, âgé de vingt-quatre ans, il rencontra un vieux tenzo qui faisait sécher des champignons. Ils parlèrent et le vieux tenzo lui dit :
« Jeune homme, jeune étranger, vous ne comprenez pas le vrai sens des mots, vous ne comprenez pas le bendo, la pratique de la Voie. »
Cette réponse au sens très profond résonna profondément en Dogen. Son esprit fut bouleversé. Il trouva à ce moment-là le vrai zen et comprit le grand satori.
Dogen était arrivé du Japon à Chang Hai. Il dormait sur le bateau qui l'avait amené et laissait aller ses pas chaque matin dans l'animation du port. A cette époque-là, l'activité y était intense, le commerce avec le Japon s'y développait. La Chine en importait tout particulièrement les champignons, nommés *shitake,* si prisés dans les monastères zen pour leur goût simple et leur haute qualité. La saveur, dans la cuisine des temples zen, a toujours occupé une place de choix, et est matière à éducation pour un moine.
Le mondo qui se tint entre ce vieux moine tenzo de soixante et un ou soixante-deux ans et le jeune Dogen de vingt-quatre ans prit valeur d'événement historique. Sans ce mondo, Dogen n'aurait pas pu rencontrer Maître Nyojo, et *a fortiori* comprendre le vrai zen.
Le soleil déclinait et le moine se leva pour s'en

retourner au temple, mais Dogen le pria de l'accompagner jusqu'à la cabine qu'il occupait sur le bateau, pour poursuivre la discussion.
« A quoi vous servent tous ces champignons? s'enquit Dogen.
– Je dois les cuisiner pour le repas de demain des moines, répondit le vieux moine.
– Quand devez-vous repartir pour le mont Kono? poursuivait Dogen mû par la curiosité que lui inspirait le vieux tenzo.
– Juste après le repas. C'est très loin d'ici, à trente ou trente-cinq li, répondit le vieillard.
– Mais c'est très loin! s'exclama Dogen. Vous devez dormir ici ce soir, je vous en prie, prenez ma chambre pour cette nuit! Je voudrais vous entendre parler du zen chinois, vous écouter sur le Dharma!
– Impossible! rétorqua sèchement le tenzo, je dois faire cuire ce soir ces champignons et les donner demain aux moines. »
Dogen ne comprenait pas cette réponse qu'il prenait pour de l'entêtement.
« Tant de jeunes moines peuvent faire votre travail! Votre absence ne doit pas être si importante!
– Vous ne pouvez pas comprendre, reprit le tenzo, que le travail de cuisinier est une tâche transmise depuis l'ancien temps. Cette transmission constitue la transmission du bendo; elle est en soi la pratique de la Voie. Ainsi doit être considéré le travail dont l'importance et la valeur profonde se sont perpétuées depuis le bouddha, à travers la lignée des Patriarches jusqu'à moi. Cette tâche ne peut être assumée par quelqu'un d'autre, ni être échangée. Ma responsabilité est très importante. Il est impensable que je dorme ici. » Ce disant, le moine traduisait son impatience. Mais Dogen insistait :
« Pourquoi, vous qui êtes très âgé, qui avez un visage si noble et intelligent, un regard qui traduit

la profondeur et la sagesse, pourquoi n'êtes-vous que cuisinier? Je pensais que vous consacriez votre temps à étudier les sutras et à faire zazen! Et vous avez fait tout ce long trajet pour acheter des champignons! »
Telle était jusqu'à ce jour l'opinion de Dogen : la cuisine n'était pas le travail d'un vrai moine zen.
Mais le vieux tenzo lui dit :
« Jeune moine, vous ne connaissez pas la vraie lettre, et vous ignorez le vrai sens des mots. Vous ignorez le bendo!... La nuit est tombée, je dois repartir. »
Dogen fut très impressionné tant par les paroles que par l'attitude du moine. Il écrira plus tard :
« J'étais traversé d'un frisson, et restai longtemps bouleversé. Je me sentais fort honteux. »
En s'en retournant le vieux moine lui fit cette dernière remarque :
« Chacune des questions de votre mondo n'est que mots, vocable sans vie. Mais si vous voulez que vos paroles deviennent la pratique authentique, vous devez saisir profondément la valeur de donin, la valeur de " l'homme de la Voie ". » Malgré la simplicité du langage, Dogen ne put immédiatement comprendre, mais il sentait la véracité de ces paroles et ne désirait pas se séparer du vieux moine. Le lendemain, il partait pour le mont Kono. Son esprit était alors bouleversé. Ses préjugés sur le travail intellectuel et le travail physique, qu'il opposait foncièrement, se trouvaient ébranlés. Toutes ses conceptions en subissaient actuellement les profondes répercussions. Travailler, certes, faire des cérémonies, étudier les sutras, voilà ce qu'il considérait comme la pratique de la Voie. Mais ce vieux moine, venu de si loin pour faire l'achat de champignons qu'il cuisinera ensuite, cela dépassait sa compréhension actuelle.

Toutefois, les paroles du vieux tenzo sonnaient justes, et elles s'enfonçaient profondément dans le jeune esprit de Dogen.

Maître Dogen s'était rendu au temple Keitokuji. A la mi-juillet, il participait à la sesshin d'été. A la fin de la sesshin, le vieux tenzo devait repartir dans son lieu natal. Au moment où il faisait ses adieux, Dogen lui posa sa dernière question :
« Qu'est-ce que les mots?
– Un, deux, trois, quatre, cinq..., répondit le tenzo.
– Qu'est-ce que bendo, la pratique de la Voie? demanda encore Dogen.
– La voie existe partout! » dit le vieux tenzo.
C'était très simple et Dogen s'éveilla. Il dit dans le *Tenzo Kyo Kun,* l'ouvrage d'enseignement destiné aux cuisiniers qu'il écrivit plus tard, de retour au Japon :
« Je compris véritablement, profondément ce qu'était la pratique de la Voie, à la grande faveur des paroles du tenzo. »
L'esprit de Dogen, jusqu'à cet ultime mondo, surabondait en doutes. La vie qu'il avait menée dans le temple de Ketokuji n'avait pas réussi à les effacer.
« Je pensais que la lettre et les paroles, les sutras étaient extérieurs à l'esprit. Je pensais donc que zazen et l'enseignement étaient sur deux plans irrémédiablement différents, que la pratique de la Voie et l'accomplissement des tâches de la vie quotidienne étaient deux choses bien séparées. Je croyais que seul zazen et le soin porté à la conduite juste du moine constituaient la pratique de la Voie. »
« Tout ceci n'est pas important », lui dit le cuisinier. Tout cela se réfère à un idéal; mais entre l'idéal et la réalité, entre zazen et la sagesse, il ne

doit exister aucune dualité. Mais Dogen n'avait jusqu'à présent jamais réussi à faire l'unité : l'esprit de Bouddha et l'enseignement des sutras, la pratique et le satori demeuraient différents dans le temps et l'espace, et le temps et l'espace eux-mêmes étaient incommensurablement éloignés. Son raisonnement était logique : puisque chacun a la nature de Bouddha, pourquoi serait-il nécessaire de pratiquer pour obtenir le satori, et pourquoi faudrait-il chercher le satori puisque chacune des existences, de sa naissance à sa mort, possède intrinsèquement la nature de satori? Malgré cela, le bouddha lui-même chercha et pratiqua la Voie six années durant.
Toutes ces pensées se bousculaient, se contredisaient, s'excluaient mutuellement et finissaient par donner le vertige à cet esprit qui recherchait rationnellement la vérité. La dualité insoluble le plongeait profondément dans le doute. Cette contradiction fut reflétée dans la première phrase du Genjokoan :
« Lorsque toutes les existences sont le Dharma du bouddha, il y a satori ou illusion, pratique ou certification, vie ou mort, bouddhas ou êtres sensibles. »
Le pendant donna tout naturellement la deuxième phrase :
« Lorsque toutes les existences sont vues comme n'ayant aucune substance, il n'y a ni illusion, ni satori, ni pratique ni certification, ni bouddhas ni êtres sensibles, ni naissance ni mort. »
Par le vieux cuisinier, il put comprendre; la troisième phrase est la résolution de la contradiction :
« Originellement la Voie de Bouddha se transcende elle-même, il n'y a ni idée d'abondance, ni de manque, toutefois il y a naissance et destruction, illusion et satori, des êtres sensibles et des bouddhas. Mais bien qu'ainsi les fleurs tombent même si on

les aime et les regrette, la mauvaise herbe pousse même si on ne l'aime pas et la rejette. »
De la sorte il put réaliser la synthèse en comprenant que la contradiction est nécessaire. L'achèvement d'un seul côté ne peut conduire à la perfection du satori. Aussi Dogen parla-t-il dans le *Shobogenzo* de *shu-sho;* la *pratique-satori,* ou *Voie-satori;* matière et esprit, pratique et satori (réalisation) sont unité.
Aussi le satori du zazen est infini; le zazen est sans commencement, c'est le zazen du satori; *Shu no sho,* le satori du zazen, il n'y a pas de fin au satori. Ce point est très important et d'une philosophie très profonde. La pratique de zazen est équivalente au satori. C'est pourquoi Dogen parla sans cesse de zazen.

Bouddha vivant? la posture

□

Mon maître Kodo Sawaki me confiait un jour : « Pourquoi le zen m'a-t-il tellement marqué? Ce n'est pas la lecture du *Shobogenzo* ni d'aucun autre livre, ni les paroles des maîtres qui marquèrent mon esprit de débutant. Quand je suis rentré au temple d'Eiheiji, j'étais un tout jeune moine. Je travaillais aux cuisines. J'étais coursier. Je ne pouvais revêtir l'habit de moine. Je nettoyais le dojo. Parfois, je sortais pour acheter des légumes, des tofus, des gobos (bardane). Chaque jour, c'était ainsi. Mais quand j'avais du temps, l'après-midi, avant de dormir, je faisais zazen. J'imitais les jeunes moines du dojo d'Eiheiji. Ma chambre était très sale, dans la cuisine, très étroite, à côté des légumes, près des odeurs des navets et des concombres, du tamari et du miso. Je faisais zazen dans cette chambre. Un jour, le tenzo, le chef de la cuisine, qui est un personnage très important dans le temple d'Eiheiji – il occupe la deuxième ou la troisième position après le chef du temple –, ouvrit la porte de la chambre.

« Il me vit en posture et fit une mine très impressionnée. Il n'a pas fait sampai, mais c'était tout juste. Il fit quelques pas en arrière, les mains jointes en gassho, les frottant l'une contre l'autre, et il dit : " C'est la véritable assise du bouddha en zazen, le véritable bouddha vivant. "

« Il était abasourdi. Ce tenzo me frappait très souvent et il ne se passait pas un jour sans qu'il se fâchât contre moi. Mais ce jour-là, lorsqu'il me vit assis en posture, il fut tout à fait respectueux. Il dit d'une forte voix : “ Véritable bouddha vivant! ”

« Alors je pensai : “ La posture de zazen est seule le véritable bouddha vivant. C'est la seule posture qui inspire le vrai respect à tous. Par elle je pourrai tout affronter! ” »

TABLE

« *Spiritualités Vivantes* »
Collection fondée par Jean Herbert

SÉRIE « CHRISTIANISME »
dirigée par M.-M. Davy et F. Tristan

Louis Lallement
La Voie de l'esprit

Hildegarde de Bingen
Le Livre des œuvres divines
(présenté et traduit par Bernard Gorceix)

Pierre Deghaye
La Naissance de Dieu ou
la doctrine de Jacob Boehme

SÉRIE « SOUFISME »
dirigée par Marc de Smedt

Idries Shah
Chercheurs de vérité
(préface de Doris Lessing)

SÉRIE « JUDAÏSME »
dirigée par Marc de Smedt

Z'ev Ben Shimon Halevi
L'Arbre de Vie. Introduction à la Cabale
(préfacé et traduit de l'anglais
par Vincent Bardet et Zéno Bianu)

« *Spiritualités vivantes* »
Collection fondée par Jean Herbert

au format de poche

1. *La Bhagavad-Gitâ,* de Shrî AUROBINDO.
2. *Le Guide du Yoga,* de Shrî AUROBINDO.
3. *Les Yogas pratiques (Karma, Bhakti, Râja),* de Swâmi VIVEKÂNANDA.
4. *La Pratique de la méditation,* de Swâmi SIVANANDA SARASVATI.
5. *Lettres à l'Ashram,* de GANDHI.
6. *Sâdhanâ,* de Rabindranâth TAGORE.
7. *Trois Upanishads (Ishâ, Kena, Mundaka),* de Shrî AUROBINDO.
8. *Spiritualité hindoue,* de Jean HERBERT.
9. *Essais sur le Bouddhisme Zen,* première série, de Daizetz Teitaro SUSUKI.
10. — *Id.,* deuxième série.
11. — *Id.,* troisième série.
12. *Jnâna-Yoga,* de Swâmi VIVEKÂNANDA.
13. *L'Enseignement de Râmakrishna,* paroles groupées et annotées par Jean HERBERT.
14. *La Vie divine,* tome I, de Shrî AUROBINDO.
15. — *Id.,* tome II.
16. — *Id.,* tome III.
17. — *Id.,* tome IV.
18. *Carnet de pèlerinage,* de Swâmi RAMDAS.
19. *La Sagesse des Prophètes,* de Muhyi-d-dîn IBN 'ARABÎ.
20. *Le Chemin des Nuages blancs,* d'ANAGARIKA GOVINDA.
21. *Les Fondements de la mystique tibétaine,* d'ANAGARIKA GOVINDA.
22. *De la Grèce à l'Inde,* de Shrî AUROBINDO.
23. *La Mythologie hindoue, son message,* de Jean HERBERT.
24. *L'Enseignement de Mâ Ananda Moyî,* traduit par Josette HERBERT.

Nouvelles séries dirigées par
Marc de Smedt

25. *La Pratique du Zen*, de Taisen DESHIMARU.
26. *Bardo-Thödol. Le Livre tibétain des morts*, présenté par Lama ANAGARIKA GOVINDA.
27. *Macumba. Forces noires du Brésil*, de Serge BRAMLY.
28. *Carlos Castaneda. Ombres et lumières*, présenté par Daniel C. NOËL.
29. *Ashrams. Grands Maîtres de l'Inde*, d'Arnaud DESJARDIN.
30. *L'Aube du Tantra*, de Chogyam TRUNGPA et H. V. GUENTHER.
31. *Yi King*, adapté par Sam REIFLER.
32. *La Voie de la perfection*, de BAHRÂM ELÂHI.
33. *Le Fou divin. L'enseignement secret d'un maître kurde en Iran*, de Drugpa KUNLEY.
34. *Santana, l'enseignement de Maître Goenka en Inde*, de Dominique GODRÈCHE.
35. *Dialogues avec Lanza del Vasto*, par René DOUMERC.
36. *Techniques de méditation et pratiques d'éveil*, de Marc de SMEDT.
37. *Le Livre des secrets*, de BHAGWAN SHREE RAJNEESH.
38. *Zen et arts martiaux*, de Taisen DESHIMARU.
39. *Traité des Cinq Roues (Gorin-no-Sho)*, de Miyamato MUSASHI.
40. *La Vie dans la vie. Pratique de la philosophie du sâmkhya d'après l'enseignement de Shrî Anirvân*, de Lizelle REYMOND.
41. *Satori. Dix ans d'expérience avec un Maître Zen*, de Jacques BROSSE.
42. *Discours et sermons*, de HOUEÏ-NÊNG, traduit par Lucien HOULNÉ.
43. *Tao Te King*, de Lao TSEU.
44. *Questions à un Maître Zen*, de Taisen DESHIMARU.
45. *Les Contes des arts martiaux*, recueillis par Pascal FAULIOT et présentés par Michel RANDOM.
46. *Essais sur les mystiques orientales*, de Daniel ODIER et Marc de SMEDT.
47. *Zen et vie quotidienne*, de Taisen DESHIMARU.
48. *Le Désert intérieur*, de Marie-Madeleine DAVY.
49. *La Sagesse de l'éveil*, textes présentés par Marc de SMEDT.
50. *L'Esprit guide, entretiens avec Karlfried Durckheim*, par Frantz WOERLY.
51. *Les Appeleurs d'âmes. L'Univers chamanique des Indiens des Andes*, de Sabine HARGOUS.
52. *Le Chemin de la Lumière, la Voie de Nur Ali Elâhi*, par BAHRÂM ELÂHI.
53. *L'Art de la réalisation*, de CHANDRA SWAMI.
54. *Le Trésor du Zen*, de Maître DOGEN, traduit et commenté par Taisen DESHIMARU.
55. *Aphorismes*, de TCHOUANG TSEU, présentés par Marc de SMEDT.
56. *L'Esprit caché de la liberté*, de Tarthang TULKU.
57. *Métanoia. Phénomènes physiques du mysticisme*, d'Aimé MICHEL.
58. *L'Enseignement de Ramana Maharshi*, traduit par A. DUPUIS, A. PERRELI et J. HERBERT.
59. *Le Bol et le Bâton*, cent vingt contes Zen racontés par Maître Taisen DESHIMARU.

60. *Traité de l'amour,* d'Ibn 'ARABÎ, introduction, traduction de l'arabe et notes de Maurice GLOTON.
61. *L'Évangile de Thomas,* traduit et commenté par Jean-Yves LELOUP.
62. *L'Enseignement du Dalaï-Lama,* de Tenzin GYATSO, traduit par G. TULKU, G. DREYFUS et A. ANSERMET.
63. *La Montagne vide, anthologie de la poésie chinoise,* traduction de Patrick CARRÉ et Zéno BIANU.
64. *Mystères de la sagesse immobile,* de Maître TAKUAN, traduction et présentation de Maryse et Masumi SHIBATA.
65. *La Sagesse du désert, aphorismes des Pères du désert,* de Thomas MERTON, traduction de Marie TADIÉ.
66. *La Pratique du yoga intégral,* de Shrî AUROBINDO, textes groupés, traduits et préfacés par Jean HERBERT.
67. *L'Autre Rive,* textes fondamentaux du Zen commentés par Maître Taisen DESHIMARU. Présentation par Evelyne de SMEDT.
68. *Méditation et santé selon les traditions et médecines chinoises,* de Gérard EDDE.
69. *Métaphysique et psychologie,* de Shrî AUROBINDO.
70. *Le Mesnevi. 150 contes soufis,* de DJĀLAL, AL-DĪN RŪMĪ.
71. *Initiation et sagesse des contes de fées,* de Dennis BOYES.
72. *Initiation aux Livres des Morts égyptiens,* de Fernand SCHWARZ.
73. *Ivre de Tao. Li Po, voyageur, poète et philosophe, en Chine, au VIIIe siècle,* textes réunis et présentés par Daniel GIRAUD.
74. *Futuwah, traité de chevalerie soufie,* traduit et introduit par Faouzi SKALI.
75. *Qui suis-je ? La quête sacrée,* par Jean KLEIN.
76. *L'Évangile de Jean,* traduction et commentaire par Jean-Yves LELOUP.

La reproduction photomécanique
et l'impression de ce livre ont été effectuées
par l'imprimerie Bussière
pour les Éditions Albin Michel

AM

Achevé d'imprimer en avril 1989.
N° d'édition 10715. N° d'impression 8100.
Dépôt légal : septembre 1986.